〔明〕邵經邦 著

〔清〕康熙四十年刊

弘道録

江蘇大學出版社
JIANGSU UNIVERSITY PRESS
鎮江

1

圖書在版編目（CIP）數據

弘道録：全四册 /（明）邵經邦著．— 影印本．—
鎮江：江蘇大學出版社，2018.5
ISBN 978-7-5684-0831-8

Ⅰ．①弘… Ⅱ．①邵… Ⅲ．①道藏 Ⅳ．① B951

中國版本圖書館 CIP 數據核字（2018）第 091331 號

弘道録（全四册）

著　　者/［明］邵經邦
責任編輯/張　平　汪亞洲
出版發行/江蘇大學出版社
地　　址/江蘇省鎮江市夢溪園巷 30 號（郵編：212003）
電　　話/0511-84446464（傳真）
網　　址/http://press.ujs.edu.cn
印　　刷/北京虎彩文化傳播有限公司
開　　本/850mm×1168mm　1/16
總 印 張/108.75
總 字 數/503 千字
版　　次/2018 年 5 月第 1 版　2018 年 5 月第 1 次印刷
書　　號/ISBN 978-7-5684-0831-8
定　　價/3600.00 元（全四册）

出版説明

人是一種會思想的動物，無論是爲了適應環境，克服生存的困難，抑或爲了生活得更有意義，思想皆不可或缺。在一般的中文習慣中，思想的涵義比『哲學』更寬泛，這種語用習慣的差异，也影響到學者對學術視野的選擇。一般而論，思想史的範圍也較哲學史爲廣闊，雖然很少得到清晰地界定，但它不失爲一種有效的學術視野。

在近代中國學術史上，思想史研究的興起與哲學史大約同時。一九〇二年三月，梁任公在其創辦的《新民叢報》上連續發表了《論中國學術思想變遷之大勢》系列論文，這可能是最早由國人撰著發表的思想史論文。而第一本由國人撰寫的中国古代哲學通史，則爲一九一六年謝無量的《中國哲學史》。這兩本早期著述有其學術史的意義，但其中對學科的性質與研究方法等多無明確的説明。事實上，無論是學者的闡述，還是其實際的操作，在思想史與哲學史之間都不易劃出清晰的界限，直到當代也仍然如此。拋開細節不論，就語用習慣及有關實踐而言，思想史表徵一種對歷史文化廣闊而深入的關照，其研究方法，關注的問題，都較哲學史爲多元，史料基礎也不可同日而語。尤其是在郭沫若、侯外廬等人建立起來的研究傳統中，思想史有明确的社會史取向，或因其與傳統的文史之學有親和性，以至在今天，這種思路仍然很有生命力。

文獻發掘向來是思想史研究的基本環節。爲了促進有關研究，我們選輯多種文本編爲『中國古代思想史珍本文獻叢刊』。全編選目包括經典文本，如儒、道二家的經解，重要思想家作品的早期刻本，和某些并不廣泛受到關注的作家文集的舊刻本。本編中也選録了數種反映古代民俗信仰的文獻，如《關聖帝君聖跡圖志》等。這些文本在傳統的學術視野中，多以爲不登大雅之堂，在今日視之，或者正因其反映了古代社會一般的信仰氛圍，而有重要的文本價值。此外，本編也著意收録了數種通常被視爲藝術史史料的文本，如《寶綸堂集》、《徐文長文集》等，我們認爲對思想史關注而言，範圍與深度同樣重要。

選輯本編，也有文獻學上的意圖。中國古代有悠久的文獻學傳統，大量古籍文本的傳刻與整理造就了古代中國輝煌的古籍文化。本編收録的這些刻本不僅是古代學術發生、衍變的物質證據，也是古代古籍文化的重要部分。本編所收録的全部作品皆爲彩版影印，最大限度地保存了文獻的細節。其中有部分殘卷，視具體情况，或者補配，或者一仍其舊。本編的選目受制於編者的認識與底本資源，或者有不妥、不備之處，希望讀者不吝指正。

目録（二十五卷）

第一册

第二册

第三册

第四册

邵弘毅先生遺集

仁和邵戒山學士重訂

弘道錄

繼善堂藏板

邵弘毅先生曰夫文以貫道道以即事五常道之要也要非徒錄也道不外於倫理錄非徒起也錄之大者莫過於經史故或斷章以引義或纂述以終事錄以彰懿懿以表微不主故常不膠訓詁以遜面墻而已嗚呼居諸可無吝哉敘弘道錄

弘毅先生居閩海時著有三弘集勝國之末板燬於火予自康熙甲子休假回里有志繼繩已將弘簡弘藝二錄購聚散佚校訂重刊其弘道一書又閱一十八載至今年辛巳始克授梓盖弘藝論文弘簡編史雖皆載道之籍然止仍其原本考正訛謬而已至弘道一錄因迹究心因事衡理理不外乎經常事亦述其成說而別擇至精闡駮至當約之則切身心

極之則關政教洵統貫天人內聖外王之軌則關閩濂洛以後西山瓊山而還卽有聰敏高資兼長才識而學匪躬行末由詣其醇粹思欲以發明其緒餘而智力短淺反復潛玩數更寒暑竟不能一辭補綴去春于役南河荒度稍暇幸得肆力茲編偶有所見輒條數語譬彼候虫鳴秋意氣適至時引時歇其於弘道之旨詎敢謂有得萬一第念去日苦多學不加長前人遺業唯恐終淪殘闕是以汲汲開雕僅期卒願自此三弘既全倘能廣傳諸世俾先生數十餘年著述之精神長留天地承其後者何快如之也

元孫遠平戒山氏敬識于清河客舍

弘道錄總例

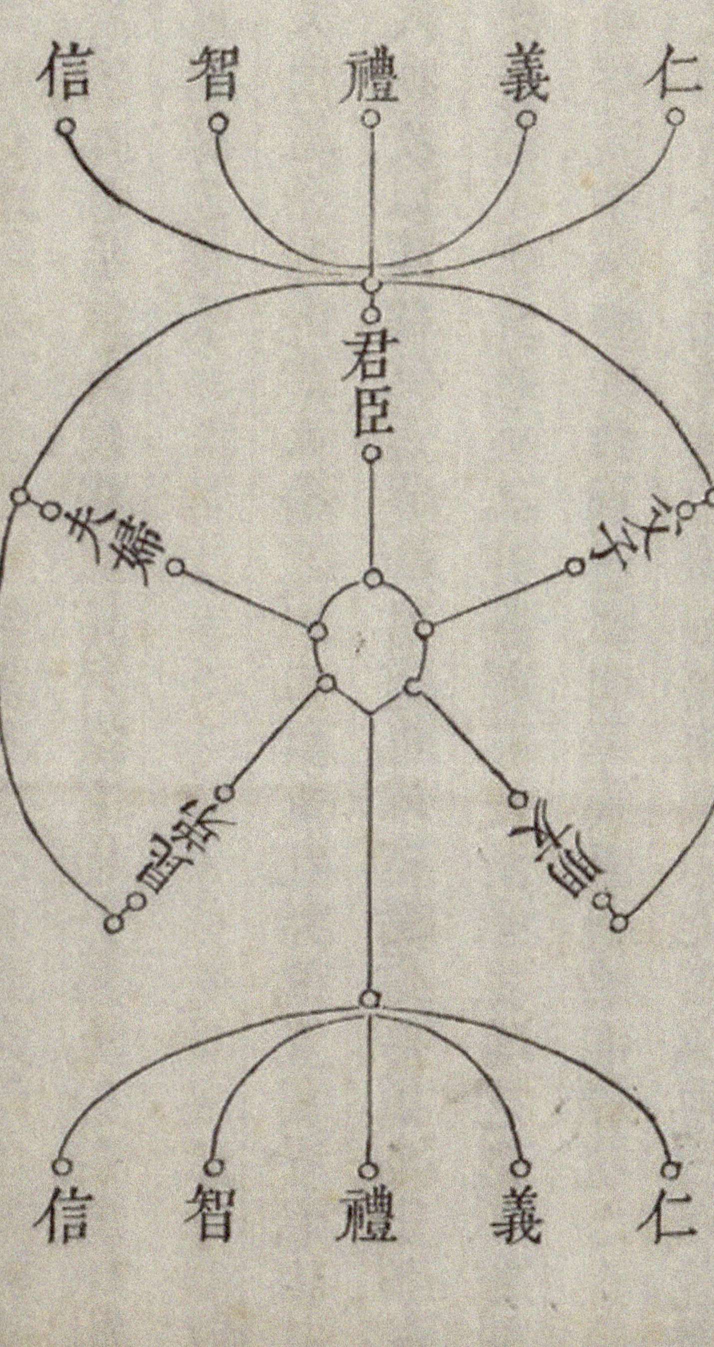

例解曰夫錄以弘道也道局於一端非錄之意也且以率性

之道渾然在中隨感而應莫不通貫於五倫之間其分親義別序信者各舉所重而言耳非謂父子祇限於仁君臣專主於義而已也茲故總揭五常於其首而分屬五倫於其下以立斯錄之例云

又曰孟子曰堯舜人倫之至也錄故托始焉又曰予私淑諸人也故以宋儒終焉堯舜君道也宋室諸儒師道也引用經史多節文懼冗也或不註其經其史者承上言之則不重見也錄藏于家塾非敢問世祇自學而已愚者自稱也

又曰古今載籍充棟但以蹈蹐海隅不能廣蒐博覽祇就平素誦習記憶之言加之纂擇掛一漏萬固所不免

刊刻弘道錄公啟

漳州府學生員蕭應麒魏文翀吳鎮盧詔等龍溪縣學生員魏講陳邏等鎮海衞學生員林大器吳經呂林璿等公呈乞揚正學以裨風教事竊惟聖謨洋洋包涵盡天下之理俗學靡靡雕琢逞人官之能根本不同枝葉自別唯忠誠之格言皆肝鬲之至要文固傳焉無弊道將待之以行但或自私則非兼善竊見原任刑部員外郎邵經邦別號弘齋自少奮鳴乎藝苑臨事獨持乎風裁先於嘉靖八年十月內因日食建言劾奏大學士張璁謫居邊徼歷今二十餘載苦心衞道竭力啟蒙著有弘藝弘簡弘道三錄名三弘集而弘道一編總

揭五德通貫五倫發至理之淵微遠紹關閩濂洛之緒采羣書之精奧近接何王金許之傳志切希賢豈有期於聞達功餘繼晷誠無歉於踐修迨負笈者如歸始開門而講學何幸布衣翠渠之後復得闡揚衛道之人眞可謂性理之補遺師儒之極軌者諸生共承目擊不覺心儀自慶邊方得斯正教幸宗主大人按臨樹引風聲嘉惠後進乞賜鋟梓用廣無窮庶紫陽正學有傳人而濤海儒林知觀感矣

提督學政周批　先生道著韋編直聞折檻當代仰止久矣今居閩海教澤尤深覽書具見學有本原實可羽翼經傳准卽捐俸刊行以弘大道誠後學之津梁名教之模楷也周公諱琬號石崖[illegible]人

弘道錄目錄

卷之一

君臣之仁　原錄七十六條　補案二十條

卷之二

父子之仁　原錄五十九條　補案二十三條

卷之三

夫婦之仁　原錄二十六條　補案一十四條

卷之四

昆弟之仁　原錄二十二條　補案一十一條

卷之五

朋友之信 原錄三十三條 補案一十八條

弘道錄卷之一

明刑部員外郎仁和邵經邦弘齋學
皇清詹事府少詹事四世孫遠平補案

仁

君臣之仁

論語子曰大哉堯之爲君也巍巍乎惟天爲大惟堯則之蕩蕩乎民無能名焉

錄曰堯之爲君千古綱常之主夫子之論萬世稱述之宗也大哉者至極而無以加之名亦至變而不可窮之義也天者仁覆憫下之謂也王者體仁長人之謂也仁道至大與天同

體而聖人以天爲體夫苟人人而悅之物物而周之是或可以言語形容也可以言語形容則必有所止息有所窒礙非可謂之大也是故天惟大則於穆不已而所以位乎上者人莫知其高深堯惟大則全體不息而所以配乎天者人莫窺其限量於以見君人者當有包含廣覆無不周徧之心而後有博厚高明悠久無疆之業斯無負於天無愧於堯且無忝於夫子之論矣故錄首及之

按孔子删書斷自帝堯以立君道之極故稱其爲君之大則曰則天葢天道即君道也天子繼天首出參贊化育故帝典首命羲和欽若昊天即重華初政在璿璣玉衡肆類

上帝夫豈僅修典祀定曆數之具文哉實欲驗之天人之交以爲同德合撰之具焉後此商之顧諟周之昭事率是道也人君能旦明自禀則臣下胥寅亮天工而光被四表自無難事此孔子所由大堯以標萬古人君之法而我祖之錄亦以是爲首與

外記堯存心於天下加志於窮民一民饑曰我饑之也一民寒曰我寒之也一民有罪曰我陷之也百姓戴之如日月親之如父母仁昭而義立德博而化廣故不賞而民勸不罰而民治

錄曰此所謂堯仁如天也今夫天斯巍巍乎耳苟求其故而一物罔干眞太空而已天烏用哉今夫堯斯蕩蕩乎耳苟求

其故而一夫不被亦虛名而已堯烏用哉倘忽於實務徒事
高遠而曰堯在是焉嗚呼邈矣

書堯典克明俊德以親九族九族既睦平章百姓百姓昭明協
和萬邦黎民於變時雍

錄曰夫子之贊堯曰巍巍史臣之贊堯曰峻德皆至極而無
以加者也然不越以親九族平章百姓非有神運於上甚高
難行之事而所以謂之放勳者正在此此即大學八條目中
庸九經之序也帝王治效與聖賢垂訓寧有二哉

按書言百姓昭明而又繼之以黎民蓋古者百姓之與黎
民大有殊也左傳云天子命德因生以賜姓胙之土而命

之氏國語云同德則同姓黃帝子二十五人其得姓者十有四人而已是故天子賜姓命氏諸侯命族族者氏之别名也姓則在上氏則在下姓以統系百世使不相異氏以别子孫之所自出稷契同出高辛而姓有姬子之殊孟仲季臧同出於魯而氏各異男子爲氏女子爲姓女生爲姓故姓多從女姬姜嬴姒姚嬀姞妘是也要之食祿任官之家或以國或以官或以名以字或以所生之地姓必從賜至於齊民有名無姓唐元宗言今之姓氏並出自帝王豈古無民邪張說對曰古者民原無姓凡言百姓者皆有爵有土者也故放勳徂落百姓如喪考妣三年禮有爵命者

爲君服三年也若黎民則但遏密八音而已其隆殺顯然可見蔡註止據周後言也周時民庶或襲祖宗之賜已各世其姓周書言百姓有過論語言百姓足則皆率土之民矣後世姓氏所因不一有以始封爲姓者有以居地爲姓者有因賜姓而以國姓爲姓者有所出與國同源而以源爲姓者有推律自定如京房之京鮗易以得如陸羽之陸者有埋羊而自號羊舌馬服而後稱馬氏者有惡音而改者暴之爲慕危之爲元也有避諱而改者避晉景王而師爲帥避漢安帝而慶爲賀避王審知而沈爲尤避項羽而籍爲席避宋孝宗而慎爲眞避石晉而敬爲文避錢鏐而

劉爲金也有避仇難而改者奚之爲嵇疏之爲束棘之爲
棗也有音轉而訛者莘之爲辛虢之爲郭伶之爲泠也其
他入贅隨嫁乞養妄冒之倫又難悉數是則古之賜姓本
以别異今之有姓反滋混亂雖人人得姓而已大失初意
矣

列子堯治天下五十年迺游於康衢聞童兒歌曰立我烝民莫
匪爾極不識不知順帝之則又有老人含哺鼓腹擊壤而歌曰
日出而作日入而息鑿井而飲耕田而食帝力於我何有哉

錄曰此可見黎民於變時雍也夫童子無知老夫耄矣安知
所謂帝則邪蓋上古盛時雖愚夫愚婦不啻家人父子其德

漸於肌膚淪於骨髓不自知其言之若是三代由此遂採里巷歌謠之辭著爲定制列於樂官被於管絃觀於風化周詩曰民之質矣日用飲食羣黎百姓徧爲爾德正此意也至秦而後槩以黔首爲愚從此扞格可勝慨哉

按堯之時渾噩風高文明未啟一時黃童白叟信口矢辭動合聲韻此自然之天籟非假思索而成也至於封人之祝不見經傳而後世亦有述其辭者曰天下有道與物偕昌天下無道修德就閒千歲厭世去而上仙乘彼白雲至於帝鄉若始祝而終規者夫以童叟之無知封人之末吏非有一堂喜起之風君臣交儆之責也而既忘帝力終鮮

忌諱千載而下猶可想見其休和之象盈溢朝野詎得以
草昧之天下目之哉
論語子曰無爲而治者其舜也與夫何爲哉恭己正南面而已
餘曰孔子以大哉贊堯而以無爲稱舜其意何居天一而已
以其形體而言謂之大以其聲臭而言謂之無人但見日而
爲晝月而爲夜寒而爲冬燠而爲春何莫非天之運動也而
究不能窺其形舒而爲恩慘而爲威賞而爲予刑而爲奪何
莫非君之設施也而終不能見其跡堯與舜名雖有二實則
一爾使舜必曰堯之成功巍然如是堯之文章煥然如是我
何爲而不然則見其勞而不見其逸見其大而不見其泰烏

能恭己南面邪舜惟紹堯以爲治則無非紹堯以爲心心豈可一物加之哉惟不能以一物加之於心故不見其一毫措之於外此所謂篤恭而天下平之盛非若聲色之於以化民末也再言夫何爲哉所以深致其嘆美與

書臯陶謨帝德罔愆臨下以簡御衆以寬罰弗及嗣賞延于世宥過無大刑故無小罪疑惟輕功疑惟重與其殺不辜寧失不經好生之德洽于民心

錄曰舜之爲舜始終本末具見於此蓋居上以寬爲本待人以厚爲本臨民以恩爲本矜死以哀爲本苟無其本則以何者而恭己南面乎後世惟漢文帝宋仁宗庶幾近之然而功

效未臻於唐虞者無皋陶之道種與之共理何以責其身修
思永庶明勵翼哉
家語舜之爲君也其政好生而惡殺其任授賢而退不肖德若
天地而靜虛化若四時而布物是以四海承風暢於庶類鳳翔
麟至鳥獸馴德無他好生故也
錄曰王者廣昊昊之德爲生生之恩者也天有四時主於生
物而不主於戕物所以肅殺於秋閉塞於冬者正欲以翕聚
發散於無窮也君有八柄主於養民而不主於殘民所以除
惡務嚴禁暴務威者正欲以保全愛護於無已也是故嘗誅
四凶矣皋陶執之士師讞之雖天下咸服其辜而舜之心慼

然如不得已也如此則何害於好生之德哉使舜之心或主於一皐陶曰可殺吾廼生之生之似仁矣如民害何害民非天也士師曰不可殺吾廼殺之殺之似威矣如心害何害心非德也故曰好生之德洽于民心也

舜彈五弦之琴歌南風之詩曰南風之薰兮可以解吾民之愠兮南風之時兮可以阜吾民之財兮

錄曰堯之時浩蕩渾涵譬如天地之無不持載無不覆幬故帝力何由而知舜之時薰蒸洋溢若風之鼓物吹噓橐籥無不周徧故亦知有愠可解有財可阜然皆得於心而應於手有不期然而然者以是播於韶樂安得不盡善盡美邪

夏后氏敏給克齊其德不爽其仁可親

錄曰堯舜禹皆大聖人也家語稱各不同蓋堯素履君位萬古特尊舜禹嘗起側微親民之事不可與如天等也夫子立言之意固自有在

虞書德惟善政政在養民水火金木土穀惟修正德利用厚生惟和

錄曰禹何以敏給克齊哉夫洪水滔天下民塗炭正由五行不能相克水火不能既濟天廼錫禹洪範九疇使禹不能敏以從事損其有餘益其不及務俾齊給則彝倫何由敘哉所謂六府三事即洪範皇極而其仁可親莫過於此

按六府三事謂之九功千古治道不易之準也政事之道莫備尚書然其施行大端已畢該此九者孔子富之教之孟子井田學校諸說皆本此故禹貢亦云六府孔修而極之聲教訖于四海葢不修六府則用何以利生何以厚而不正德則佚居無教即利用厚生亦不能持久自古圖治者舍此無以爲理而外此寧有他道哉此一言出而萬世王道之本確然有所循據明德之遠不待過河洛而思也

詩周頌思文后稷克配彼天立我烝民莫匪爾極貽我來牟帝命率育無此疆爾界陳常于時夏

錄曰此所謂極即大學之至善也葢天以生物爲心其陰陽

二氣乾道坤道何所不用其極乎苟有一毫之末至一息之未仁則不足以生物而不得謂之天矣聖人以養民爲心其恆之秬秠恆之穈芑何所不要其至乎苟有一物之不徧一土之不宜則不足以養民而不得謂之稷矣此仁之至極非周公莫能知之而尊祖配天之祭所由以義起也

按稷佐禹平成而功莫大於率育若陳常非其職也詩兼言之者葢形生不保何暇更謀踐形之事民以食爲天樹藝非所以成民之天乎積德累仁宜其纘禹之緒故夏商以來皆祀稷爲先穡此典亘古不廢若以之配天則惟周家所獨爾

孟子使契爲司徒教以人倫父子有親君臣有義夫婦有別長幼有序朋友有信

錄曰夫魚鼈不可以爲命木石不能以厚生禽獸不足以與治胥於陷溺者也故民不食則饑營窟則勞然而良心之天自在也苟無其教則舉世貿貿焉人欲肆而天理窒俾天下含齒戴髮之流而反不如角者鬣者爪而牙者之無以難也何也彼角者止於觸而已鬣者止於逸而已爪而牙者止於噬而已若人而無天經以爲之制人紀以爲之防則其殘民害物有不可勝言者然後知玄王爲法於天下可傳於後世非但小補云爾其祀殷配天不亦宜乎

虞書臯陶邁種德德乃降黎民懷之

錄曰臯陶之德何以稱邁種乎言其能勇往而宣布也葢刑者民之心也大則軀命關焉小則廉恥繫焉民之畏之甚於水火苟雖知其重而或懾嫌避疑逡廵兩可則不得謂之邁亦有雖得其情而不能哀矜勿喜期於無刑則不可謂之種惟一毫無所撓之謂邁一毫無所壅之謂種此民協於中無以異於三聖而粤若稽古不嫌同辭也後人以邁種爲超越種類輙與舜禹同稱者誤矣

益贊于禹曰惟德動天無遠弗屆滿招損謙受益時乃天道至諴感神矧玆有苗禹拜昌言曰俞班師振旅帝乃誕敷文德舞

干羽于兩階七旬有苗格

錄曰禹何以有是征乎地平天成遐邇一體不可使一夫不被堯舜之澤也益何以有是贊乎成允成功不自滿假不可以一事而存矜伐之心也此千古偃武修文之法至今有餘慕焉然不可槩見之後世者何也人心不同而主德異也

商書克寬克仁

錄曰寬以言乎其量也寬可加於仁乎曰三王之世如秋荼不免肅殺之威矣故以寬仁贊湯所謂代虐者與

史記湯出見人張綱四面湯解其三面祝曰欲左者左欲右者右欲高者高欲下者下不用命者入吾綱漢南諸侯聞之曰湯

仁至矣及禽獸歸之者四十餘國
錄曰此可見其克寬也夫湯伐夏救民者也今觀其於物且然矧行一不義殺一不辜而得天下爲之乎後世非無禁捕鳥雀立放生之碑者何以不能感人邪孟子曰親親而仁民仁民而愛物湯以懋昭大德建中於民故因其及物之仁遂致人歸之衆倘爲仁之功未至偶有一念之施而遽期其效甚者役心於慈悲徇志於清淨專以不殺爲德好道爲仁則亦徒善而已非帝王治世之大具也
按孟子言矢人函人擇術宜慎而今之愚而不仁者輒喜射飛逐走擊鮮烹肥以供他人之貪腹將謂舍此遂無別

業乎夫農工商賈號稱四民敦本抑末尚分輕重而顧日與鳥獸魚鱉爲羣觳觫哀鳴爲快是誠何心邪說者謂天生萬物本以養人而戒殺放生乃釋氏虛無之教不知徒飲食曰賤恣肥甘曰饕以畤田獵而不合圍掩羣數罟有禁麛卵有戒與夫無故不殺悉見禮經非關釋典周茂叔不除窗前草云與自家意思一般明道治上元見人持竿道旁黏鳥雀輒取其竿折之子瞻常膳必用魚活者即縱池中觀其悠然自得趣蓋世間昆蟲草木各具一生生天而吾人怵惕惻隱無非活潑潑地何爲縱戕物命使之受無限怖苦而傷咸若之化哉

大學詩云穆穆文王於緝熙敬止爲人君止於仁

錄曰仁道至大可以淺近求之乎擧端於念慮之萌雖微而不可見及其至也天下莫能載焉至徧而不可窮也智周乎萬物而不出本心之中道濟乎天下而不外一腔之內此爲人君者止於仁也抑詩言穆穆註以深遠釋之正與淺近相反何也蓋君人者如天運於上天惟深遠而不可測故能神其鼓舞有不疾而速不行而至之機君惟深遠而不可測故能極其慘舒有不大聲色不長夏革之用設使一鼓而雷一潤而雨皆能知之則人將不貴之矣一指而喜一激而怒皆能識之人亦何畏之有哉此詩之深意也

孟子文王視民如傷

錄曰此止於仁之心也或曰文王之時未有瘡痍在目也未有呻吟盈耳也矧惠鮮懷保不啻父母何至如傷乎不知大聖人處此未嘗自以爲然也夏暑雨冬祁寒小民惟曰怨咨然則文王之心安得而不切切哉此漸民以仁至於淪肌浹髓非可以一朝夕求之也

文王之治岐也耕者九一仕者世祿關市譏而不征澤梁無禁罪人不孥老而無妻曰鰥老而無夫曰寡老而無子曰獨幼而無父曰孤文王發政施仁必先斯四者

錄曰此止於仁之事也所謂文王以百里非必爲天子也方

百里之岐而八百年之元氣休養於其中此非爲政於天下
乎民吾同胞而有煢獨鰥寡之異在聖人視之若身之有痒
痾焉巳之有疾痛焉雖欲釋之誰得而釋之雖欲後之誰得
而後之是眞能肖天地之德率天地之性視彼殘虐無辜播
棄黎老者相去爲何如哉
按周家以忠厚開基孟子之時周雖微弱尚爲共主乃其
謁齊梁諸君輒勸之以王將置周於何地邪不知當時諸
侯僭王者幾過半孟子發明自古王天下之大道正以杜
無道求王之侈心也葢緣木不可求魚得道始稱多助惟
不嗜殺乃能一天下惟推不忍之心乃能保民而王惟所

欲聚惡勿施乃致民歸於仁與民同之則雖好貨好色好樂好勇亦可以王不與民同則雖有賢者之樂亦將與日俱喪何自而能王哉昔夫子知其不可而爲之今孟子知其不可而言之令彼諸侯自度不能爲湯武焉知不可少息兵戈以紓民困以靖王室乎況功利說行人心陷溺典籍盡去王道不明非孟子因人而發隨端引告後之人何由考分田制祿之大經發政施仁之次第而王道何以始王道何以成一切無所依據將古先聖王創垂之善政茫然且不復識矣然則孟子之言又曷可少邪

詩周南魴魚赬尾王室如燬雖則如燬父母孔邇

錄曰此止於仁之效也紂居天位爲天子勢可以生殺權可以廢置而其民向背之情乃如此然則老者聞善養之風隣國感遜讓之俗文王豈能招而致之推而去之哉觀乎人心則見天心觀乎民命則知天命矣

周頌綏萬邦屢豐年

錄曰此聖人以仁事天之實天心感應之理非頌禱文飾之辭也然則周饑克殷而年豐果何所由乎紂爲天下逋逃主所任用非掊尅聚斂則彊禦暴虐天心之厭惡不啻雷電之威豈必擇人而施其擊搏乎是故周之饑商之酷也及夫放牛歸馬黎民復業良善得生以稷之躬稼敎商之遺民是故

殷之安周之福也此詩言外意也

周史交趾南有越裳氏重譯而獻曰道路遙遠山川阻深恐一使不通故重三譯而來朝周公曰德澤不加君子不饗其質政令不施君子不臣其人譯曰吾受命國之黃耇曰天無烈風淫雨海不揚波已三年矣意者中國有聖人乎盍往朝之周公歸之於王稱先王靈神致薦於郊廟

錄曰此書契以來所僅見者聖人功化之極方有此應也夫周家積功累仁千有餘年以至文武成康之際真元會合天地於此交萬物於此泰上而三光日月明風雨時下而九州山不童川不竭進而在疆嘉禾生岐麥秀退而在郊鳳凰鳴

麒麟出則遠而八荒寧無重譯來王之事乎此聖人至德淵微自然之應不然白狼白雉何益於淩衰稽首呼韓何補於不振至新莽加之以褒頌祇爲篡竊之媒爾可同日語哉

詩召南蔽芾甘棠勿翦勿伐召伯所茇蔽芾甘棠勿翦勿敗召伯所憩蔽芾甘棠勿翦勿拜召伯所説

錄曰愚觀甘棠之詠而知政教之入人與夫恩澤之及物譬之和風焉播於春煦之時而人不以隆冬之閉塞少之也譬之甘雨焉沛於長養之日而人不以大旱之枯槁忘之也今去召公之時不知其幾後人誦其詩而思其樹宛然甘棠之在目焉不知生於斯世者更當何如矣此君子所以油然有

望於後之良牧守與

按周公佐武滅殷輔成踐阼安反側作官禮才德盛備無待言矣至於召公相周公定鼎洛邑又分主陝土甚得兆民和其功頡頏論者必並稱周召然當攝政之際未免同列之疑必待作君奭歷敘伊尹甘盤格皇天又有殷前事乃始釋然而悅何哉蓋古聖賢處君臣之間粹然一出於正直所謂和而不同非若後世沾沾務爲同寅協恭者也論者以周南絕無周公之詩召南獨有甘棠之咏必推本於能布文王之化使人被之者深然則微文王召公之德將不繫人思乎抑東征四章亦將推美成王乎說詩之泥

不僅以文害辭而已

彼茁者葭一發五豝于嗟乎騶虞彼茁者蓬一發五豵于嗟乎騶虞

錄曰詩言召伯之餘恩有以及於庶類遐思二南之世其君則麟也臣則騶虞也士則羔羊也民則兎罝也何其和氣之充塞如此乎夫和者天地之心而神明之德也人主和德於上百僚和輯於下則萬物之和自不期然而然者後世有獻騶虞儒臣競起作頌彼誤以爲文王之時眞得騶虞邪

易繫辭天地之大德曰生聖人之大寶曰位何以守位曰仁何以聚人曰財

錄曰從古言仁者多矣夫子始密察之乾稱父坤稱母非有聖人成位乎中則天地何由位萬物何由育故德不可以徒而視也必能體仁然後足以長人故位不可以虛而拘也財者民之心得其民斯得天下故仁不可以泯而施也蓋絜矩則曰仁放利則曰怨所爭在公私之間而已

按立國之道雖古聖王不能廢財而什一在所必取然所謂財者非近世所用金銀之屬也禹貢賦金虞書金作贖刑皆止資飾器用不爲貿易周禮秋官職金掌凡金玉錫石丹青之戒令受其入征者入金錫于爲兵器之府入玉石丹青于守藏之府是也考禹鑄歷山金爲幣以䘏水災

商湯因之亦鑄莊山之金救旱權時之急不長爲用周初太公立九府圜法於是銖錢流行竟等貨布然錢重滯而難攜輕少則所値益無幾是以利用而無患厲王時榮公好利黃金始興沿至戰國諸侯以此餌士說士以此驕人並以金多爲上故兵法有興師十萬日費千金燕昭王有千金養士之說秦兼天下定幣爲二等遂以黃金爲上銅錢爲下以貴賤爲差漢武元狩四年創造銀錫白金三品圓象天其文龍重八兩用三千方象地其文馬重六兩用五百楕之象人其文龜重四兩用三百銀與金又分爲二至唐租庸調法有輸銀準鬻鄉之制宋歲幣有輸契丹銀

絹賜西夏銀絹茶綺之例銀錢互用始此葢銀輕於錢約
之盈握可以足跡徧天下而無憂衣食人咸以爲便於是
爭寶之然秦漢以來金價尚賤師古註曰古一斤金十兩
若今萬錢董彥遠曰漢一斤金重四兩直二千五百文唐
時用銀畧與金同是皆以錢爲主以金銀凖之故俸曰俸
錢稅曰官錢賦曰錢穀鹽鐵各稅曰錢緡五代袁正辭積
錢有聲謂求其同類梁江祿積錢傾壁讖崩乎銅山以至
滕王貪而賜貫錢之索一車刺史虐而欲每家之錢三斗
倘斯時銀可代錢何不於銀是求邪唐食貨志憲宗時商
賈至京委錢諸道進奏院及諸軍諸使富家自以輕裝趨

四方合劵取之謂之飛錢錢之難擕如此人輕其鄉盜刦其主之患何自而作聚人之義取諸斯乎是以聖王必貴五穀而賤金玉也

春秋元年春王正月

錄曰元者善之長也易以元爲仁故君職體元相職調元君子體仁長人可不於元是重乎舜典元日義始諸此其無事必書首時者葢正乎始以保厥終此春秋三始之道皆所以明人君之用而大一統也

按三代正朔不言改時月者葢朝賀班政諸大事皆以所改正朔行之夏以寅商以丑周以子爲改正周以夜半商

以鷄鳴夏以平旦爲改朔其時與月則一仍夏時之舊各國有不同者協之而已商書伊訓惟元祀十有二月乙丑伊尹祠于先王奉嗣王祗見厥祖太甲中篇惟三祀十有二月朔伊尹以冕服奉嗣王歸于亳是卽位紀元皆以丑月也周詩四月維夏六月徂暑周頌維暮之春於皇來牟將受厥明周禮中春命蠶婦司裘季秋獻功裘淩人正歲斬氷遂人正歲脩稼器及禮記秦呂不韋所作月令一篇皆足爲歷代不改時月之明驗卽秦建亥始改年朝賀皆用十月朔至三十一年十二月更名臘曰嘉平則臘仍丑月也遍考經史並無改月之文惟漢劉向舉春秋所書十

月隕霜殺菽十月雨雪正月大雨雹十二月隕霜不殺草
李梅實指爲周正以紀不時後之論者因言已改正朔必
改時月乃雜括他書冀証已說然據所引數者即夏正亦
可以不時言也至書春正月無氷二月無氷正與書大有
年大無麥禾不於秋而於冬同例葢二月開氷薦廟至此
而始可定其無爰於此月書之曷足異乎夫夏時隨斗柄
所建亥子位乎北旺於水故爲冬寅卯位乎東旺於木故
爲春此天道不易之候聖人奉若之本若改月不改時則
應書冬十二月冬正月冬二月春三月春四月春五月矣
揆諸氣候斷無正二月稱冬四五月稱春之理若時月並

改雖陰陽已萌，即可謂春夏温凉乍變，即可爲秋冬，然每月節氣中氣必不可移易，倘春將盡而纔舉迎春之典，春已始而猶存冬至之名，顛倒錯亂，則愚者必駭，智者必議，本以作新民志，豈反動疑百姓之耳目哉。周易以四德配合四時八卦流行一歲，若改月改時，則以春爲貞，以坎艮爲春，舛紊失序，事之必不然者。紛紜之議止，以此折之，有餘何必一一而辨之也。

孟子曰：人皆有不忍人之心，先王有不忍人之心，斯有不忍人之政矣。所以謂人皆有不忍人之心者，今人乍見孺子將入於井，皆有怵惕惻隱之心，非所以内交於孺子之父母也，非所以

要譽於鄉黨朋友也非惡其聲而然也

錄曰所謂忍者以刃加諸心夫心非可刃也有形之鋒可避無形之鍔難當也是故齊宣王不忍一牛之死至毀人宗廟遷人重器繫人旄倪孰可忍哉梁惠王不忍其民之饑至東敗於齊西喪於秦南辱於楚又何忍哉蓋孟子之時去古愈遠其於怵惕惻隱之心蕩然鮮矣若非以其良心真切處人人可得而驗者觀之則亦何益之有此赤子入井之喻所以發前聖所未發也

滕文公問爲國孟子曰民事不可緩也民之爲道也有恒產者有恒心無恒產者無恒心苟無恒心放辟邪侈無不爲已及陷

於罪然後從而刑之是罔民也焉有仁人在位罔民而可爲也是故賢君必恭儉禮下取於民有制夏后氏五十而貢殷人七十而助周人百畝而徹其實皆什一也徹者徹也助者藉也設爲庠序學校以教之庠者養也校者教也序者射也夏曰校殷曰序周曰庠學則三代共之皆所以明人倫也人倫明於上小民親於下有王者起必來取法是爲王者師也夫滕壤地褊小將爲君子焉將爲野人焉無君子莫治野人無野人莫養君子請野九一而助國中什一使自賦卿以下必有圭田圭田五十畝餘夫二十五畝方里而井井九百畝其中爲公田八家皆私百畝同養公田公事畢然後敢治私事所以别野人也

錄曰孟子告滕文以什一之法猶有子告魯哀以盍徹也自書契以來論仁政者莫詳於此然而君子未嘗不憮然嘆惜者非言之艱行之惟艱聖賢之法言猶匠氏之繩墨醫師之方術也不欲爲方圓則已如其欲爲方圓也而曰我般輸其可哉不欲爲鍼砭則已如其欲爲鍼砭也而曰我盧扁其可哉故曰有王者起必來取法是爲王者師也聖賢之究心如是而已豈後世刻意成功期效旦暮者比乎

按此孟子之學識其大者於北宮錡問章見列爵分土之遺制於此章見學校井田之良規蓋孔子時惟夏殷禮不足徵而昭代之章程尚在亡何而至戰國雖未經秦火之

阨而邪說橫行諸侯放恣時王之制已自蕩然無遺向非

留心平治好學深思如孟子者烏能歷歷指其大端井井

析其條件也哉今諸言具存自可潤澤然必有關雎麟趾

之意方可行周官周禮之文後之聖人果能克明峻德建

極而推行之安在井田封建不可行於今日哉

禮記月令立春之日天子親帥三公九卿諸侯大夫以迎春於

東郊命相布德和令行慶施惠下及兆民是月也天氣下降地

氣上騰天地和同草木萌動王命布農事以敎道民乃修祭典

犧牲毋用牝禁止伐木毋覆巢毋殺孩蟲胎夭飛鳥毋麛毋卵

毋聚大衆毋置城郭掩骼埋胔是月也不可以稱兵

錄曰於禮記而獨取月令者世道浸降仁道漸微惟聖人上奉天道下修人事而盡其在已所以預養是心而廣爲仁之術卽大易資始資生春秋體元調元之義也

漢紀文帝元年春詔曰方春時和草木羣生皆有以自樂而吾百姓鰥寡孤獨窮困之人或阽於危亡而莫之省憂爲民父母將何如其議所以賑貸之

錄曰以元年之詔繼月令者漢承秦後人君之恩希濶寥落譬則天地閉塞而成冬也讀是詔若枯者復生絕者復蘇此何等治象邪益以見天地之生機必無泯滅窮盡之理所謂沍寒之後必有陽春世道升降固如是也

又曰老者非帛不煖非肉不飽今歲首不時使人存問長老又無布帛酒肉之賜將何以佐天下子孫孝養其親哉具爲令有司請令縣道年八十以上賜米人月一石肉二十斤酒五斗其九十以上又賜帛人二疋絮三斤

錄曰老吾老以及人之老帝可謂能舉斯心矣雖然西伯善養老非家賜而人益之也導其妻子教之樹畜帝知賜民老而使長吏閱視丞若尉與嗇夫令史二千石各遣吏巡行不稱者督之嗚呼何不制五畝之宅百畝之田而使長吏各屬分任其責乎不則止爲煦煦之仁而已

又曰法者治之正也今犯法已論而使無罪之父母妻子同產

◎

坐之及爲收孥朕甚不取其除收孥諸相坐律令

錄曰孟子稱文王仁政必曰罪人不孥帝雖未能究竟擴充然而漢之元氣已勃然矣賈山謂山東布詔令民雖老羸癃疾扶杖而往聽之願少須臾毋死思見德化之成者以此

按孥戮二字首見夏書而文王治岐以不孥爲仁政則是三代以前亦有連坐者矣秦創族誅之法務爲刻深沿至後世文網遂密舉所謂五流之屬均僉妻子遣發名曰完聚行之千百年莫之或改虞書曰流宥五刑流者其罪本不至死故止流其身非如犯極刑者之全家坐徙也律當問流則不當并徙其家也明甚盍流人之妻子非有罪者

也以無罪之人而驅之攜老幼涉荒徼冒寒暑桎梏纍纍饑疲勞劇在常人且不堪而况婦女之怯懦嬰孩之單弱哉挈妻而往猶一身也子孫隨之將世世矣是使丘壠化爲荆榛家鄉淪爲異域煢煢孤子魂魄無依固仁政之所哀矜而急宜通變者也且如重辟之犯每遇秋審刑者及身而止輕者擬爲矜疑無非求其可生之路迨一經末減遂引僉妻發配之條則欲全一人之生而反濱全家於死地又何如緩決者之長縶獄底稍得須臾毋死乎揆之立法初意何輕重不倫若是說者曰流者終身不返而顧令骨肉離析尤非人情則不必著之令甲而願往者聽此情

法兩得聖世莫大之仁政也

二年秋詔曰農天下之大本也民之所恃以生也民或不務本而事末故生不遂朕憂其然故今茲親率羣臣耕以勸之其賜天下今年田租之半

錄曰此帝用賈誼之言也夫誼通達國體者也豈不知背本趨末之故與任民所耕不限多寡遂致豪右兼并貧民逐末此探本之論也末技遊食之民非不欲歸耕也無立錐之地則何所措手足有國者可不務通變乎誼嘗勸立漢制更秦法言而無益故就帝之所及語之而帝愛民之仁出於天性其親耕以率天下而賜民田租之半豈非千古曠典然不知

有識者覩之祇以爲豪右勸耳而小民亦不過爲有力者所役使非三代勸農之道也

十二年春詔曰道民之路在於務本朕親率天下農十年於今而野不加辟歲一不登民有饑色是從事焉尚寡而吏未加務也吾詔書數下歲勸民種樹而功未興是吏奉吾詔不勤而勸民不明也且吾農民甚苦而吏莫之省憂將何以勸焉其賜農民今年田租之半

錄曰此帝用晁錯之言也夫錯刻薄寡恩人也猶能知務農貴粟之道其募民入粟拜爵曾未幾時而邊食可支五歲郡縣可支一歲遂再賜民田租之半後世頻歲屢行而輸粟未

能若是何也葢文帝之募民以爲民也後世之募民以爲已
也文帝以無窮之財供有限之用而後世以有限之財恣無
窮之用此其所以異也
十三年夏六月詔曰農天下之本務莫大焉今勤身從事而有
租稅之賦是爲本末者無以異也其於勸農之道未備其除田
之租稅賜天下孤寡布帛絮各有數
錄曰自是爲始不收民租者十有餘歲豈非千古之罕僡與
葢惟帝躬修玄默而將相少文多質是以吏安其官民樂其
業蓄積歲增戶口滋繁然帝之富庶皆自已損之於民究無
與也葢豪强占田逾多羙收大半官除田租不賦而私家必

取盈焉雖堯舜不能有所益也故君恩重於三代而民賦酷
於亡秦苟不能探本而祗蠲振以資豪右可勝惜哉
按三代以前什一而稅世祿之家錫有采地農夫力而收
之田公卿逈而享諸室一似今之佃戶者然其實悉準公
家賦額並無畸重之科及井田旣廢富者兼阡陌貧者無
立錐富者不得不資人之力貧者不得不耘人之田而常
賦之外漸至多取數倍以自封殖蓋勢有不得不然者夫
以衣租食稅之人與沾體塗足者較其甘苦奚啻什百一
旦蠲除令下而曰於彼無與焉是使澤不下究也且蠲除
之舉原爲甦困窮而非以資豪右也議者謂有田之家其

肥瘠之分因乎地豐歉之數繫乎天繇役之繁簡存乎有司豈盡坐享成利乎然以較之力田之夫終歲勤動而不足仰事俯育者大有間矣則凡遇浩蕩之恩務使公賦與私租各霑其半斯固情理之平不易之法也

十六年春三月詔曰間者數年比不登又有水旱疾疫之災朕甚憂之愚而不明未達其咎意者朕之政有所失而行有過與乃天道有不順地利或不得人事多失和鬼神廢不饗與何以致此將百官之奉養或費無用之事或多與何其民食之寡乏也夫度田非益寡而計民未加益以口量地其於古猶有餘而食之甚不足者其咎安在無乃百姓之從事於末以害農者蕃

爲酒醪以靡穀者多六畜之食焉者衆與細大之意吾未能得其中其與丞相列侯吏二千石博士議之有可以佐百姓者率意遠思無有所隱

錄曰文帝之爲民無以加矣何以曰愚而不明乎夫丞相人君所以備顧問指迷解惑者也有如張蒼者水土之不辨何以責其率意遠思哉傳曰不患寡而患不均苟有均民之心以度田則給以計口則益何患古有餘而今不足也徒知反躬而不知所以反徒知省過而不知所以省徒與丞相列侯等議而不知所以議孟子不云乎若夫潤澤之則在君與子讀是而後下詔必有達其咎者

按酒醪靡穀非但荒歲宜禁實厚生正德之大閑也葢耕夫有數沃土有常多種一頃之秫即少一頃之秔而省一種秫之農即多一種秔之耦推之而酒材耗穀酒毋耗麥酒人耗工累累多端皆可節省留爲有用之貲且樂酒之害不特沈湎爲然其間曠時失事昏志損神甚有以典衣爲佳話荷鍤爲曠懷者狂藥溺人一至於此此單氏所以謂觥籌爲獄地而匋穀謂醇酎爲禍泉也抑不特此也萍逢行掠向非酒何以合其謀調笑成姦向非酒何以張其膽剸刃人腹向非酒何以發其忿諸凡傷化壞俗喪身亡家半由梧杓此而厲禁禁之誰議其苛宜定爲制苟非祭

祀燕享頤老扶衰不許私相聚飲而根株之絶尤在少種
秫稻區處有方浮費袪而衣食自足財用省而貪邪罔興
民德民生胥有所賴所關豈淺鮮哉

景帝元年夏五月復收民田租三十而稅一

錄曰責文帝者春秋之義錄景帝者善善之心也景之於文
不自慊矣而三年無改於父之道可謂孝乎後光武六年詔
收見田租三十而稅一如舊制夫所謂舊制者元年之制也
文景之德澤其長矣乎

二年夏四月詔曰雕文刻鏤傷農事者也錦繡纂組害女紅者
也農事傷則饑之本也女紅害則寒之源也夫饑寒並至而能

亡爲非者寡矣朕親耕后親桑以奉宗廟粢盛祭服爲天下先不受獻減大官省繇賦欲天下務農蠶素有畜積以備災害彊毋攘弱衆毋暴寡老耆以壽終幼孤得遂長今歲或不登民食頗寡其咎安在或詐僞爲吏吏以貨賂爲市漁奪百姓侵牟萬民縣丞長吏也姦法與盜盜甚無謂也其令二千石各修其職

錄曰以文景之時而乃有詐僞之吏貨賂漁奪無以異於爲盜者何不責之輔相而獨令二千石各修其職乎蓋自蕭曹畫一之後陳平問錢穀不對反加稱善丙吉不問道旁死者以爲知體王陵一以正對則謝罷之亞夫奉帝約則又罷之而陶青劉舍衞綰皆庸碌者流何能責其裁成輔相以左

右民哉故終漢之世無一相業可觀者亦安望縣丞長吏之皆得其人哉

三年春正月詔曰農天下之本也黄金珠玉饑不可食寒不可衣以爲幣用不識其終始閒歲或不登意爲末者衆農民寡也其令郡國務勸農桑益種樹可得衣食物吏發民若取庸采黄金珠玉者坐臧爲盜

錄曰景帝不作雕文刻鏤錦繡纂組及禁采黄金珠玉與文帝之敦樸無異二帝所以致殷富之本端在於此夫弛於民者有限而費於上者無窮苟弛其一而用其二雖有弛之名其弊正如景帝之所戒者故必有坐臧爲盜之令而後有帶

牛佩犢之風爲人上者不可不察也

按民生富厚則禮讓自興而致富之由必始崇儉邇來驕奢僭越相效成風日深一日漸至富者貧貧者益害無所底推原其故皆緣人情好勝羊質虎皮外事塗飾而中鮮蓋藏以致此極也夫苟預爲之限冠婚喪祭宮室輿服貴賤各有定制不使踰分妄行不惟一衣減中人之產一宴損半歲之糧而卿大夫以至四民凡一舉動即分等威則民志定而家可持久足民之道舍此曷以哉然其浮薄之輿東南尤甚是在居上者躬行節儉以倡導之而更嚴法以繩其後庶乎其可衰止也

食貨志漢興自天子不得具鈞駟而將相或乘牛車齊民無蓋藏天下已平高祖令賈人不得衣絲乘車孝惠高后時量吏祿度官用以賦於民而山川園地市井租稅之入自天子以至封君湯沐邑皆各爲私奉養不領於天下之經費漕轉山東粟以給中都官歲不過數十萬石繼以文景淸淨恭儉安養天下七十餘年間國家無事民則人給家足都鄙廩庾皆滿而府庫餘貨財京師之錢累巨萬貫朽而不可校太倉之粟陳陳相因充溢露積於外至腐敗不可食衆庶街巷有馬而阡陌之間成羣乘牸牝者擯而不得聚會守閭閻者食粱肉爲吏者長子孫居官者以爲姓號故人人自愛而重犯法先行義而後絀辱焉

錄曰此有若對哀公之言至是而始驗矣漢承秦制以京師爲内史分天下三十六郡諸侯之國居半焉自天子以至封君湯沐邑又半焉其詔書屢下賜民田租可謂出之者有限蠲之者無窮矣漕轉山東粟歲不過數十萬石而公私裕如然則二猶不足之歎與夫千八百國而奉一人者可不待辨而自明矣豈非百姓足君孰與不足哉惜乎聖賢之言不見用於當時而取效於後世也雖然理財正辭禁民爲非而已漢以强榦弱枝徙豪傑於關中不患其不富患無以節焉爾而罔疏禁濶物盛貨盈民間且然矧繼以雄材大畧之主乎此亦時會之所必至不可徒歸於盛衰之數也

班固贊曰孔子稱斯民三代之所以直道而行也信哉周秦之敝罔密文峻而姦軌不勝漢興掃除煩苛與民休息至於孝文加之以恭儉孝景遵業五六十載之間至於移風易俗黎民醇厚周云成康漢言文景美矣

錄曰詳讀史贊未嘗不憮然嘆息見先王之遺恩焉然則可比於三代之君否易曰窮理盡性以至於命中庸曰其次致曲性之不可以不盡也如此夫剛柔未發之謂中發皆中節之謂和其次則必自其發見之偏者而充之以極於天命之本然洪範所謂建用皇極乂用三德是也古之聖王撫世馭物因時制宜陽以舒之陰以斂之故能納天下於皇極帝之

天資可進於是乃不能窮致事物之理推極本體之性廣求賢良以朝夕納誨故其功用止於一時固無能進於三代矣雖然有高明光大之董子無以易好大喜功之世宗而少年才美之賈生安能勝多質少文之絳灌乎此伊周遇主湯文共濟咸有一德之難再也

按三代而後誠心愛民之主必以漢文爲第一吾祖錄之備矣尚徵有所不滿者葢以去周未遠一切致治之具猶未盡湮高祖馬上治之誠日給不暇使帝有意久大蒐輯講求則必有稽古之士起而贊之於以潤色鴻業育正萬民雖三代之制至今存可也失此不圖而時移世易積漸

消亡訖於不復律之責備賢者之義有不能解免矣

循吏傳文翁爲蜀郡太守仁愛好教化蜀地辟陋文翁欲誘進之乃選郡縣小吏開敏有材者十餘人親自飭厲遣詣京師受業博士數歲蜀生皆成就還歸文翁以爲右職用次察舉官有至郡守刺史者又修起學宮于成都市中招下縣子弟以爲學官弟子爲除更繇高者以補郡縣吏次爲孝弟力田常選學官童子使在便坐受事每出行縣益從學官諸生明經飭行者與俱使傳教令出入閨閤縣邑吏民見而榮之數年爭欲爲學官弟子繇是大化比齊魯焉後武帝令天下郡國皆立學校官自文翁始蜀民爲立祠歲時祭祀不絕

錄曰謹庠序之教申之以孝悌之義此王政之本也文景之鴻業惜乎獨少此耳天廼篤生此翁創起西蜀一隅繼世因之郡國皆立學校以至於今猶如一日不但爲王者師直可爲萬世法矣歲時祠祀豈偶然哉

按史稱文翁守蜀于禮殿圖孔子及七十二子像孔聖有像始此漢光和元年置鴻都門學亦繪孔子及七十二子像至搏土肖形始見於開元八年司業李元瓘奏疏然元瓘疏言先師顔子像見立侍請據禮文合從坐侍是前此已有塑像特因元瓘言改十哲爲坐像又增曾參像次十哲耳宋太祖詔修飾宣聖十哲像畫七十子及先儒二十

一人像于東西廡元太祖初平燕京即金樞密院建廟立學明初北監塑像猶仍元舊葢歷漢唐宋元像未嘗一日廢繪與塑一也明嘉靖九年權相張璁忽倡異說令學宮毁撤聖像易以木主時編修徐階禮科王汝梅等疏爭甚力皆不聽嗟乎璁之言不過曰塑像之瀆同乎釋氏耳不知孔子有像始於西京佛自東漢時方入中國是釋氏像教乃竊吾儒之似踵爲之而非孔聖之同乎釋氏也明甚况肖像昉於傅說鑄像起自范蠡璁何嘗一之闢邪嘗考祀典所載如天地日月風雨雲雷山川岳瀆原屬無形固宜止用神位若孔子爲萬代共尊之師表當時實有可畏

之威可象之儀今雖邈不可接幸其像之僅存庶幾髣髴萬一而乃一旦毁廢視同土苴以絶人之起敬起愛非侮聖之尤者孰敢出此往余謁白鹿書院見先師及七十子道貌巍然爲紫陽夫子所作夫紫陽之於聖賢法則不知幾費講求而獨設像于廬山國學使人得至今瞻仰吾儒誦法前言往行非其信而可遵者哉方廼議始行郡縣多不敢遽毁往往藏之複壁幽暗閉塞距今已百餘年言念及此有不蹙然顙泚者必非人情所當斥邪臣之臆說復歷代之舊覩使天下後世謂聖像久廢而復設實自今右文之朝始書之史册不亦休哉

黃霸明察内敏溫良有讓自武帝用法深昭帝遵之以刑罰痛
繩羣下俗吏上嚴酷而霸獨寬和爲名宣帝垂意恩澤詔數下
吏不奉宣霸爲潁川太守選擇良吏分部宣布詔令令民咸知
上意使郵亭鄉官皆畜雞豚以贍鰥寡貧窮者然後爲條教置
父老師帥伍長班行民間勸以爲善防姦之意及務耕桑節用
殖財種樹畜養去食穀馬米鹽靡密初若煩碎然霸力能推行
之民有死無以葬者鄉部書言霸具爲區處某所大木可爲棺
某亭猪子可以祭吏往皆如言吏民不知所出咸稱神明姦人
去入它郡盜賊日少力行教化而後誅罰務在成就全安之以
是得吏民心戸口歲增治爲天下第一

錄曰孔子告哀公以人存則政舉人亡則政息孟子告齊梁諸君皆諄諄雞豚狗彘之畜鰥寡孤獨之養當時莫之行者至漢而後黃霸力能任之可見政本蒲盧之易民無今昔之分惜乎限於潁川不獲徧於天下矧獨長於治民拙於輔相此治非三代效非聖賢所由分也

龔遂爲渤海太守時年七十餘宣帝謂曰渤海廢亂朕甚憂之君何以息其盜賊對曰海瀕遐遠不霑聖化其民困於饑寒而吏不恤故使赤子弄兵潢池中耳今欲使臣勝之邪將安之也上曰固欲安之耳遂曰臣聞治亂民猶治亂繩唯緩之然後可治臣願丞相御史且無拘臣以文法得一切便宜從事上許焉

郡聞新守至發兵以迎遂遣還移書屬縣悉罷逐捕吏諸持鉏鉤田器者皆良民吏毋得問持兵者乃爲盜賊單車至府郡中翕然乃開倉廩假貧民選用良吏尉安牧養焉遂見齊俗奢侈好末技不田作躬率以儉約勸民務農桑令口種一樹榆百本薤五十本葱一畦韭家二母彘五鷄民有帶持刀劒者使賣劒買牛賣刀買犢春夏不得不趨田畝秋冬課收斂益畜果實菱芡勞來循行郡中皆有畜積吏民富實獄訟止息

錄曰龔遂之對古今之名言也帝稱信賞必罰吏習民安其此之類乎嗚呼龔遂往矣鉤鉏刀劒彘牛鷄犢不與俱往惟吾善懷而已有如尸鷄家彘帶牛佩犢猶患不治而口刀舌

劒揮戈露刄致使良民胥爲寇讎者獨何心哉

按便宜從事吏治所以興也漢時郡縣連數千里而上又無節度廉使等官以制之若韓韶賑萬戶之流民張詠斬一錢之庫吏生殺自擅令無阻撓以故意得展施而權無旁諉然後課其殿最責其成功即有不稱從而罪之夫復何怨今一郡之守自監司而上無不拘以文法興一利也除一弊也必循序申請允者未必什一其惴惴焉逆計上之不從不可已而已焉者不知凡幾其行之濡滯而無及於事者又不知凡幾掣肘如此而欲吏治循良克媲往古烏可得哉唐馬周謂太宗曰百姓治安惟在刺史守令今

朝廷獨重內官而輕州縣之選百姓未安殆由於此然太宗嘗疏守令姓名於屏風坐臥觀之且謂縣吏尤爲親民不可不擇可謂重矣而馬周猶切言之則惟有愼簡之於前而弗牽制之於後庶使長才偉器悉心愛民者得以行其志而吏道日進於古矣

召信臣以明經甲科遷南陽太守爲人勤力有方畧好與民興利躬勸耕農出入阡陌止舍鄉亭稀有安居時行視郡中水泉開通溝瀆起水門堤閼數十處以廣溉灌多至三萬頃民得其利更爲作均水約刻石立田畔以防紛爭禁止嫁娶送終奢靡務出於儉府縣吏家子弟好游敖不以田作爲事輙斥罷之其

化大行吏民親愛號曰召父
杜詩少有才能建武中爲侍御史安集洛陽復使之河東誅降逆賊拜成皐令視事三歲舉政尤異遷南陽太守性節儉而政治清平以誅暴立威善於計畧省愛民役造作水排鑄爲農器用力少見功多百姓便之又修治陂池廣拓田土郡内比室殷足南陽爲之語曰前有召父後有杜母
錄曰詩云豈弟君子民之父母吾聞其語矣至是而始見其人焉所謂民至愚而神又曰民情大可見豈不信然
按父母於子相合以天恩義莫逃而守令之於民也不過適然相遭徒以分相繫以權勢相馭而已上下濶絶秦越

邈然使非實有欲民之生欲民之聚之心謀其室家去其疾苦如康誥所云如保赤者亦烏能曰慈君曰神父動此愛戴之聲也哉夫受天子命而來爲吏所衣所食惟民之自出固受其直而傭以代民爲所不能爲如柳子厚所言者也魏司馬伯達治棠陽值縣調船徙前徙之民皆私還助役漢劉平爲全椒百姓或增貲就賦或減年從役感人眞如子來必非無本今之鄉士大夫相稱縣令爲父母然循名責實期於相副倘有如路人若浼已者一聞此稱能不怵然動念必如詩之所云樂只愷悌庶其無媿於父母之名乎

張堪志美行厲年十六受業長安諸儒號曰聖童世祖時徵拜漁陽太守捕擊姦猾賞罰必信吏民皆樂爲用乃于狐奴開稻田八千餘頃勸民耕種以致殷富百姓歌曰桑無附枝麥穗兩岐張君爲政樂不可支帝召見諸郡計吏問其風土及前後守令能否蜀郡計掾樊顯進曰漁陽太守張堪昔在蜀漢仁以惠下威能討姦前公孫述破時珍寶山積而堪去職之日乘折轅車布被囊而已

錄曰自古吏治之善必始於富民而欲致西北之民富其法必自興水利始古之漁陽卽今之京兆近郊也如堪之開稻田而民遂以殷富使能仿而行之豈獨以東南爲財賦之區

哉說者謂有近費而無近功故棄之爲石田委之於砂磧其亦難與慮始而未見古之樂成者與

卓茂寬仁恭愛鄉黨故舊雖行能不同而皆愛慕欣欣焉遷密令視民如子舉善而教口無惡言吏人不忍欺嘗有訴部亭長受其米肉遺者茂問曰亭長從汝求乎爲汝有事囑之而受乎將平居自以恩意遺之乎曰往遺之耳茂曰遺之而受何故言也曰竊聞賢明之君使人不畏吏吏不取人今我畏吏是以遺之吏既卒受故來言耳茂曰汝爲敝人矣亭長素善吏歲時遺之禮也且歸念之於是人納其訓吏懷其恩教化大行光武初訪求之詔曰前密令卓茂束身自修執節淳固誠能爲人所不

能爲夫名冠天下當受天下重賞晉封褒德侯

錄曰范曄謂建武初雄豪方擾斯固倥偬不暇給之日卓茂斷斷小宰無他庸能而首加聘命優辭重禮其與周武式閭表位何以異哉然則雖以茂之醇德實由帝之至仁光武於是乎不可及矣

魯恭拜中牟令專以德化爲理訟人許伯等爭田累守令不能决恭爲平理曲直皆退而自責輟耕相讓建武七年郡國螟傷稼犬牙緣界不入中牟河南尹袁安聞之疑不實使掾肥親往廉之恭隨行阡陌俱坐桑下有雉過止其旁旁有童兒親曰何不捕之兒言雉方將雛親瞿然而起與恭訣曰所以來者欲察

君政迹耳今蟲不犯境一異也化及鳥獸二異也豎子有仁心三異也還府具以狀白安安因上書言狀帝異之

錄曰自漢至今千五百餘年龔黃卓魯之名未嘗泯滅不但生榮死哀而實超今邁古唐宋以後難乎遇矣人亦何不樂爲廉吏而享此大名邪

唐書唐之始時授人以口分世業田而取之以租庸調之法其用之也有節蓋其畜兵以府衛之制故兵雖多而無所損設官有常員之數故官不濫而易禄雖不及三代之盛時然亦可以爲經常之法

錄曰董仲舒嘗曰井田之法雖難卒行宜少近古限民名田

以贍不足塞并兼之路時武帝方興功利竟不能用哀帝時師丹復言累世承平豪富吏民貲數鉅萬而貧弱愈困宜畧爲限時貴近未便亦不果行及後王莽假王田之名增亂長禍則何益哉晉武平吳而後雖有占田七十畝之制未幾南北交爭至魏孝文始納李安世言行均田法齊周隋因之嗚呼孰意兩漢四百餘年間大儒建議屢言而不足而區區六朝之際李安世一言而有餘逮於有唐毅然行之豈非仁人之言其利溥哉

唐制度田以步其濶百步其長二百四十步爲畝百畝爲頃凡民始生爲黃四歲爲小十六歲爲中二十一歲爲丁六十爲老

授田之制丁及男年十八以上者人一頃其八十畝爲口分二十畝爲永業老及篤疾廢疾者人四十畝寡妻妾三十畝當戸者增二十畝皆以二十畝爲永業其餘爲口分永業之田樹榆棗桑及所宜之木皆有數田多可以足其人者爲寬鄉少者爲狹鄉狹鄉授田減寬鄉之半其地有薄厚歲一易者倍授之寬鄉三易者不倍授工商者寬鄉減半狹鄉不給凡庶人徙鄉及貧無以葬者得賣世業田自狹鄉徙寬鄉者得并賣口分田已賣者不復授死者收之以授無田者凡收授皆以歲十月授田先貧及有課役者凡鄉田有餘以給比鄉縣有餘以給比縣州有餘以給近州

錄曰此唐授田之制也葢自五代雲擾之後民之歸農者無幾後魏因之各以露田授民露田者荒田無主不栽植者也諸桑田不在所授之限桑田者民之永業所常治者也唐世因之遂有世業口分之别意其初亦非公收在官而授無田之民祗因桑田不在所授之限者而名爲世業因露田原授於民者而限爲口分不然若世業旣官爲樹以桑棗所宜之木何以仍得買賣口分旣隨其老幼之等差丁壯之衆寡鄉田之寛狹而官爲收授之則是但令食其所出不令擅其所有何以又得并賣之乎古之立法最禁徙鬻王制曰井里不鬻孟子曰死徙無出鄉今令庶人各地遷移自狹鄉徙寛鄉

又得并賣其口分田惟死者收之以授無田者如此則民安得不徙安得不亡又安得所收之田而更以授人乎凡此施行矛盾不知作史者之悞抑爲政之訛也夫自秦而下千四百有餘年閒而能行授田之法者自唐伊始固足以見其難矣而其制不無可疑至永徽以後始禁民不得買賣買者還地而罰之抑後矣無惑乎兼并之如故也

凡授田者丁歲輸粟二斛稻三斛謂之租丁隨鄉所出歲輸絹二疋綾絁二丈布加五之一綿三兩麻三斤非蠶鄉則輸銀十四兩謂之調用人之力歲二十日閏加二日不役者日爲絹三尺謂之庸有事而加役二十五日者免調三十日者租調皆免

通正役不過五十日會要云丁隨鄉所出歲輸絹綾絁各二丈布加五之一綿二兩輸布者麻三斤

錄曰此唐徵科之數也所謂租庸調者以人丁爲本而調之云者猶曰調劑之調蓋以土産各有所宜如絹綾絁隨宜賦其一非謂各二丈爲六丈也布麻亦然今志歲輸絹二疋綾絁二丈布加五之一綿三兩麻三斤非桑鄉則輸銀十四兩是反重於常羨矣觀者要當以通典及會要所載爲正

自王公以下皆有永業田太皇太后皇太后皇后緦麻以上親內命婦一品以上親郡王及五品以上祖父兄弟職事勳官三品以上有封者若縣男父子國子太學四門學生博士孝子順孫義夫節婦同籍者皆免稅課役凡主戶內有課口者爲課戶

若老及男廢疾篤疾寡妻妾部曲客女奴婢及視九品以上官不課凡里有手實歲終具民之年與地闊陿爲鄉帳鄉成於縣縣成於州州成於戶部又有計帳具來歲課役以報度支國有所須先奏而斂凡歲稅斂之數書于縣門村坊與衆知之水旱霜蝗耗十之四者免其租桑麻盡者免其調田耗十之六者免租調耗十之七者諸役皆免

錄曰此唐獨復之政也自王公以至庶人皆有品節限量使其子孫能世守之何患不久致太平乎奈何不旋踵而失之也故愚嘗謂漢子孫能守三十稅一之法而其祖宗不能創什一中正之規唐祖宗能設科條禁令之目而其子孫不能

存節用愛人之念均無能及於三代也

太宗方鋭意圖治官吏考課以鰥寡少者進考如增戸法失勸導者以減戸論配

錄曰此唐殿最之法也京官五品以上各舉守令一人是重之於始也考課以鰥寡少者進是重之於終也究其實力舉行莫若諸州刺史奈何自貞觀以來重內官而輕州縣刺史多用武臣或京官不稱職始補外任帝雖鋭意於治其能身率天下乎此唐之良吏所以不若漢世之多也

租以斂穫早晚險易遠近為差用調輸以八月發以九月同時輸者先遠民皆自槩量州府歲市土所出為貢其價視絹之上

下無過五十疋異物滋味狗馬鷹犬非有詔不獻有加配則以代租賦

錄曰此唐轉輸之政也至兩稅而後夏輸六月秋輸十一月此政廢矣時太宗方銳意於民絕嗜欲黜玩好且未舉封禪征伐之事故其立法寬大如此貞觀以後漸不如矣

其凶荒則有社倉賑給不足則徙民就食諸州尚書左丞戴胄建議自王公以下計墾田秋熟所在爲義倉歲凶以給民太宗善之乃詔畝稅二升粟麥秔稻隨土地所宜寬鄉斂以所種狹鄉據靑苗簿而督之田耗十四者免其半耗十七者皆免商賈無田者以其戶爲九等出粟自五石至於五斗爲差歲不登則

以賑民或貸爲種子則至秋而償其後洛相幽徐齊并秦蒲州又置常平倉粟藏九年米藏五年下濕之地粟藏五年米藏三年皆著於令

錄曰此唐救荒之政也太宗方重守令之選刺史縣令皆得其人故立社倉則足以賑立義倉則足以給立常平倉則足以儲若無守令之賢欲自王公以下計墾田而斂之則增一厲禁矣此又爲上者所當知也

按唐去古益遠而能斟酌損益成一代之規模當時皆以爲便及貞元間詔天下兩稅三年一定戶籍沿至於今猶師其遺制可不謂善與蓋租庸調三者卽孟子云粟米力

役布縷之征也授田之制亦仿井地之法若能踵事求詳務期永久豈非三代不難復見乎可知致治之道不必他求典籍具存惟在有心振勵者神而明之衆人可與樂成難與慮始未可藉口於新莽巳事而以反古爲迂疎也

貞觀即位之初常與羣臣語及敎化曰今承大亂之後恐斯民未易化也魏徵對曰久安之民驕佚驕佚則難敎經亂之民愁苦愁苦則易化譬猶饑者易食渴者易飲上深是之封德彝不以爲然上卒從徵言是歲天下大稔流散者咸歸鄉里馬牛被野斗米不過三四錢東至于海南至五嶺皆外戶不閉行旅不齎糧取給於道路焉帝謂羣臣曰魏徵勸我行仁義於今效矣

惜不令封德彝見之

錄曰易之大過曰棟撓利有攸往亨九二曰枯楊生稊老夫得其女妻無不利夫太宗有大過人之資而鮮天德王道以爲之本棟之撓也楊之枯也幸而貞觀之治又得王魏房杜諸賢以爲之輔老夫得其女妻也故雖棟撓楊枯之象而亦有亨道焉有利道焉君子故不之拒也

宋史仁宗天性仁孝寬裕喜慍不形於色初封壽春郡王講學于資善堂天禧元年兼中書令明年進封昇王九月丁卯冊爲皇太子

錄曰自史冊以來數千百年未有直謚爲仁者帝可謂僅見

矣夫蒙以養正聖功也方是時帝之天性渾然正人皆可爲堯舜之時開資善堂以講學養之於正不以私冐干之乃作聖之功用而宋朝家法過漢唐遠矣

以叅知政事李廸爲太子賓客廸等常侍燕東宮見帝容止端莊雖優戲在前亦不顧他日因奏事言之眞宗曰平時居內中亦未嘗妄言笑也 語出遵堯錄

錄曰廸之風烈頗聞而辭太傅不已過乎夫公孤以輔佐天子師保以儲養東宮亘古以來之成法初不因太宗之時立而有不立而無也自宋專任宰相天子無公孤以詔左右則太子無師保以相前後其立法不如成周矣

按眞宗素知其子仁孝謹厚可以託付天下之重乃其後周懷政陰謀內禪眞宗怒甚欲併責之廸從容奏言陛下有幾子尚欲如是遂悟而止則斯時之語若預爲異日地者曹魏以邢顒爲少子植之家丞顒防閑以禮由是不合庶子劉楨美文辭爲植親愛楨曰君侯採庶子之春華忘家丞之秋實爲上招謗其罪不小愚實懼焉蓋遇非其主則法楨之盡規遇得其主則師廸之廣譽方爲當可然楨已見親近而能以實自言尤爲人所難得其品豈不高於漢之晁錯陳之江總百倍哉

四年詔太子監國五日一開資善堂太子秉笏南面立輔臣叅

決諸司事聽其議論曰但盡公道則善矣

錄曰帝之於己也不妄言笑於人也務盡公道此何等粹白也蒙之九五曰童蒙吉其帝之謂乎

乾興元年二月戊午遺詔太子卽皇帝位

錄曰是時帝年十三如龍之方蜕未就雲雨也如麟之方趾未就踐履也易曰山下出泉蒙君子以果行育德豈非以其施之未達性之未固哉苟外有伊周以輔之內有太姒邑姜以成之則太甲成王不足媲美矣惜乎劉后專制於內丁謂之徒交結於外苟不得王曾正色立朝烏能成九二志應之功哉觀聖人作易之意則知仁宗初政之所以分矣

明道元年詔曰朕猥以眇躬纂茲洪緒既絕畋遊之好又無臺榭之營十載於茲未嘗暇逸不意掖庭之內火禁非嚴一夕延燔徧於八殿緬思降儆敢怠省循其令內外臣僚直言朝廷闕失毋有所隱

錄曰帝時春秋鼎盛未有失德而所稱十載未嘗暇逸又非虛言則天災何由致乎夫掖庭房闥之地八殿老陰之數章獻之稱制將謝矣此其除舊布新之先見者與

二年三月帝始親政罷修創寺觀裁抑僥倖召宋綬范仲淹黜內侍羅崇勳等中外大悅

錄曰仁之親政與晳之親政大不侔也仁之親政罷修寺觀

哲之親政創行新法仁之親政裁抑僥倖哲之親政召用凶邪故一則中外大悅一則忠良喪氣得失之分較然矣

按上之所感下必應之其機所向無少偏違無少遲滯觀仁宗始政舉措一當而中外卽已大悅從可知矣乃論者謂矯偏救弊其積漸不止一日必非三月期年所可期效然觀曹操承亂離之後民棄農業州里蕭條一用棗祗爲屯田都尉任峻爲典農中郎將募民力耕不數年倉廩皆滿軍國富饒再用崔琰毛玠典選舉凊正之士而士卽皆廉節自厲雖貴寵輿服不敢過度劉裕繼晉政寬弛桓氏繁密之後用劉穆之斟酌時宜隨方矯俗不盈旬日百官

皆肅然奉政風俗頓改夫以操術譎詐之徒任用得人且
猶速效況乎至誠感人者哉是以君子弟慮政之不卽施
不患民之不易化誰謂王道無近功也
帝見章聖東封西祀及修玉淸昭應景靈土木之役過爲奢侈極天下之巧謂輔臣曰此雖太平盛事然亦過度當時執政大臣不得不任其責呂夷簡曰府庫一空至今不充實者職此之由帝曰如此等事朕當戒之
錄曰此帝之所以罷修建也有謂三年無改於父之道者司馬光曰祖宗法度善者雖百世不可改若爲天下害者改之當如救焚拯溺時東封西祀土木繁興不過竭天下之財若

青苗免役掊尅斂怨將以失天下之心誘之安石猶可言也篤於君親不可言也其知者以爲繼述不知者以爲擅改然不知祇皆彰親之過而與克蓋前愆者不侔矣此宣仁社飯之項所以異於章獻撤簾之日也與

初仕者皆依托權要以希進用仁宗嘗謂輔臣曰比來臣僚請對其欲進者多求退者少何也王曾曰士人貪廉繫時之用舍惟朝廷抑奔競崇靜退則庶幾有難進之風帝然之

錄曰此帝之所以抑僥倖也夫僥倖之人行險者也其始也依阿容悅無所不爲其終也患得患失何所不至故人君必深惡而痛抑之然非至公以存心至明以燭物未有不以小

廉信其大節而假以欲退之意遂其躁進之心者故曰清心知人又曰知人則哲闕一不可

按奔競之風自公卿大夫以至士倡之自上其流及下非一日矣夫唐虞之朝揖讓相先爲國之道禮讓爲急使非有雍容謙退之意行乎其間則躁進妄干冒昧求合其風尚可問哉即如貢舉大典繼以糊名易書已疑臣下有欺妄之事甚至解衣驗望則視士子爲鬼蜮之徒興賢育才雅意掃地已盡乃有不知悔悟妄希進取者仍然趨之若鶩而欲士敦實行臣效公忠其可得乎故在廷必無呈身識面而後可爲良臣在鄉必有閉戸好修而後可稱碩士

其或因利取榮飾名自薦者必痛加遏抑終身不齒庶幾
上有所懲下有所覩頽波或可漸返也

景祐二年王曾同平章事曾性資端厚在朝廷進止皆有常處人不敢干以私引用士人莫有知者范仲淹嘗問曰明揚士類宰相之任公之盛德獨少此耳徐應之曰夫執政而欲使恩歸己怨將誰歸仲淹服其言帝之初即位也太后將有專制之患曾正色危言以立朝由是宦官近習不敢窺覦而帝德日就太后亦全令名

錄曰夫曾裒然稱所謂大臣者也則其於士類不猶造化之於物乎其心必欲人人得盡其才然亦間有不能盡者惟反

之至公至誠在我無愧而已倘孜孜以效用爲恩舍置爲怨則爲大臣者日益不足矣若呂許公未免不慊於此此其收恩避怨與危言正色之所以不同與

按人君爲治首在擇相此時韓富諸公濟濟盈朝號稱極盛及夷簡一用而郭后廢道輔黜帝雖後悔嗟何及矣故人臣稍有已私必至貽累君父惟是休休有容而後子孫黎民長享無窮之利徒取才技曷足勝任哉

慶曆元年冬十一月有事于南郊大赦自西夏用兵帝爲旰食知諫院張方平曰陛下猶天地父母也願因郊赦推廣皇仁開人自新之路帝喜曰是吾心也命方平以疏付中書呂夷簡讀

之拱手曰公言及此社稷之福也

錄曰當正函稱夷簡有宰相材於此見之乎夫仁者必有勇

此西事之當競也然而君子不之競者豈徒廣人自新之路

哉出則無敵國外患國恒亡其殆張呂二公之微意與

時章得象晏殊賈昌朝韓琦范仲淹富弼杜衍同時執政歐陽

修余靖王素蔡襄並爲諫官夏竦旣罷石介喜曰此盛德事也

歌頌吾職其可已乎乃作慶曆聖德詩曰惟帝龍興徐出門闥

大聲渢渢震搖六合如乾之動如雷之發初聞皇帝蹙然言曰

𢾅祖予父付予大業予恐失墜實賴輔弼汝得象殊重愼微密

君相予久予嘉君伐昌朝儒者學問該洽與予論政傅以經術

惟汝仲淹汝誠予察爲予司諫正予門闑爲予京兆堲予讒說
賊叛于夏徃予式遏六月酷日大冬積雪汝寒汝暑汝不告之
予晚得爾予心爾悅以道輔予爾言深切予不堯舜爾自咎罰
諫官一年疏奏滿篋契丹怠義敢侮大國爾將予命不畏不怯
沙磧萬里死生一節視爾之膚霜剝風裂觀爾之心鍊金鍛鐵
惟仲淹爾一夔一契曰衍汝來汝予黃髮事予二紀毛禿齒豁
心如一兮率履弗越遂長樞府兵政無蹶予早識琦琦有奇骨
其器魁落其人渾樸可屬大事敦厚如勃琦汝副衍知人予哲
惟修惟靖立朝巘巘言論磥砢忠誠特達萬里歸來剛氣不折
素相之後含忠履潔昔爲御史幾叩予榻襄雖小官名聞予徹

亦嘗獻言箴子之失剛守粹懿與修儔匹皇帝聖明忠邪辨別舉擢俊良掃除妖魅衆賢之進如茅斯拔大姦之去如距斯脫

錄曰當時有傳慶曆盛德詩於蜀中者其人欲識之雖然豈惟當時今人誰不欲識之哉執政諫官國之元氣朝之命脉繫焉帝有包荒之德而諸賢又能奮其剛斷之勇此正泰之天地交而萬物通上下交而其志同者宜乎衆賢進而大姦去矣然則所謂朋亡者何也夫君子之同道美矣小人豈能忌情旣已交章論罷而又形之詩歌亦已甚矣故有石介之頌則必有女奴之書有如茅之作則必有似葉之嘆此介禍之所由始亦黨論之所由起也聖人之垂戒深哉

時久旱帝謂輔臣曰天久不雨將害民田朕每焚香上禱昨夕寢殿中忽聞微雷遽起冠帶露立殿下須臾雨至衣皆沾濕移刻雨霽再拜以謝方敢升階自此尚冀槁苗可救比欲下詔罪已撤樂減膳恐近於崇飾虛文不若夙夜精心密禱爲佳爾

錄曰祈禱古人所不廢至有以身代犧牲者以蝗吞口中者何槩未之錄乎此正崇飾虛文之謂也蓋天無日不在人中惟有一德格天而後以六事自責苟無其實則亦徒然而已此帝之精心密禱所以致天人之協應也

范仲淹參知政事帝方鋭意太平數問當世事又爲開天章閣引輔臣入對給以筆札俾條陳其所欲爲者仲淹皇恐退而上

十事曰明黜陟抑僥倖精貢舉擇長官均公田厚農桑修武備推恩信重命令減徭役時天子方信向之悉報可

錄曰文正之立心以老成忠厚爲主先憂後樂爲事其品如青天白日不可掩也仁宗之銳意以得賢安民爲實禎祥朕兆爲末其治如日升月恒不可量也夫漢文一問錢穀決獄幾何乎勃不能荅而遂已而況開天章以延之入給筆劄以誘之言乎此而不皇恐者鮮矣然而不如古者臯陶曰允廸厥德謨明弼諧帝之延問有餘而信蹈不足是以謨雖訏而命未定意雖銳而功未成此後世之恒患也

時二府合班奏事韓琦爲樞密副使雖事屬中書亦必盡言或

指其過失同列不悦帝獨識之曰韓琦性直琦條所宜先行者七事曰清政本念邊計擢賢材備河北固河東收民心營洛邑繼又陳救弊八事曰選將帥明按察豐財利遏僥倖進能吏退不才謹入官去冗食帝嘉納之

錄曰傳稱惟仁者能受盡言琦不遇帝安能獨識之哉是故治平之末琦嘗盡言矣神宗漫然不應熙寧之初琦亦盡言矣非惟終以爲疑甚至條折其不然刊石誣之天下嗚呼同一琦也前無侵官賣直之名後有彰播流傳之責豈其陳力之不同哉受與不受之間而已矣故觀神宗之過則知仁宗之所以爲仁也

皇祐三年知無爲軍茹孝標獻芝草三百五十本帝曰朕以豐年爲瑞賢臣爲寶至於草木蟲魚之異何足尚哉免孝標罪戒天下勿獻

錄曰嘗觀史至漢文帝宋仁宗未可以優劣也何以進垣乎免孝標之不同乎孔子謂善人雖不必踐舊迹而自不爲惡然皆未能入聖人之室者是故漢文帝岐於黃老謙讓未遑所謂不爲也非不能也宋仁宗鋭意復古不怠省循所謂不能也非不爲也此二君之所以分也

按宋仁與漢文跡其忠厚之政惻怛之心實能培養元氣故其享國長久蓋仁之仁孝寬裕即文之賢聖仁孝也仁

不以玉淸舊地爲苑囿即文露臺惜百金也仁燕服澣濯帷幃衾裯多繒絁即文身衣弋綈帷帳無文繡也仁因蘇轍對策過直或請黜之帝曰求直言而以直棄之天下謂何即文遇旱災日食屢詔求言勿事忌諱也仁因高麗職貢疎或請加兵帝曰用兵恐屠戮百姓即文賜吳王几杖貴尉佗兄弟也仁獄必上讞歲活千餘人嘗謂輔臣曰朕未嘗詈人以死況敢濫用辟乎即文詔除肉刑及收孥諸相坐律令也仁出通天犀療京師疫疾即文恤天下孤寡賜布帛絮也仁置嘉惠倉發內庫緡錢助糴即文再賜農民田租之半也至其宮中便溺必顧蟲蟻仁愛之心無所

不到豈規規有意於踐迹者哉

三司使王拱辰請榷河北鹽旣立法猶未下翰林學士張方平言於帝曰河北再榷鹽何也帝驚曰始立法非再也方平曰周世宗榷河北鹽犯者輒死世宗北伐父老遮道泣訴願以鹽課均之兩稅而弛其禁世宗許之今兩稅鹽錢是也豈非再榷乎帝悟曰卿語宰相立罷之方平曰詔雖未下民已知之當直以手詔罷不可自有司出也帝大喜命方平密撰手詔罷之河朔父老相率拜迎于澶州爲佛老會者七日以報上恩且刻詔書北京過其下者稽首流涕

錄曰仁宗之世所以事必可稱者以德意存乎其間也故一

聞人之議始而驚繼而悟終而喜必立罷而後已觀彼說而不繹從而不改者相去蓋天淵矣此其德自足以感人宜報之者無所不用其極寧獨河朔父老爲然哉

王拱辰言於上曰富弼何功之有但能添金帛之數厚契丹而慠中國爾仁宗曰朕所愛者土宇人民財非所惜也拱辰曰財非出於民耶上曰國家經費取之非一日之積歲出以賜契丹尚未至困民若兵興調發歲費不貲非若今之緩取矣拱辰曰陛下只有一女萬一欲求和親則如之何上憫然色動曰苟利社稷朕亦何愛一女拱辰言塞徐曰臣不知陛下屈己愛民如此堯舜之主也灑泣再拜而去

錄曰愚觀拱辰之言卽欽若孤注之說也非惟浸潤之不行且雖屈已而無憾帝至是眞如天之無不覆地之無不載矣以爲堯舜之主庶幾近之乎

按兵凶戰危非萬不得已必不可輕發故雖漢武雄才後世與秦始並稱正以疲敝民命故也然以時地論之在仁宗則可在漢高帝宋高宗則不可何也仁宗眞心愛民故雖再增金帛而罔忿計及和親而不惜若漢高除秦滅項之後本有震慴餘威惟輕敵自用取辱平城迨計無復之而遣劉敬和親葢失之於初後難爲策至宋高則忘君父之大讐自翦忠勇之良將羽翼既喪而稱臣輸幣甘於卑

弱並有自取之道不可以此例彼也

文彥博富弼同平章事帝嘗問置相於王素素曰惟宦官宮妾不知姓名者可充其選帝曰如是則富弼爾至是與彥博同召至郊詔百官迎之范鎮曰隆之以虛禮不若推之以至誠陛下用兩人爲相舉朝皆謂得人然近制兩制不得詣宰相居第百官不得間見是不推之以誠也願罷郊迎而除謁禁則於御臣之道爲兩得矣及宣制士大夫相慶於朝帝遣小黃門覘知之語學士歐陽修曰古之命相或得諸夢卜今朕用相人情如此豈不賢於夢卜哉

錄曰宋時置相豈盡狥於宦官宮妾哉然仁宗之世盈廷皆

君子而李廸王曾范仲淹文彥博富弼韓琦尤所著聞者推原其故正以公天下之情而非出乎一己之私也豈惟賢於夢卜實可法於後世故錄漢文之仁者存其言錄宋帝之仁者存其相嗚呼相道得而萬國理矣

初河北京東八州河决流民就食青州富弼勸所部民出粟益以官廩得公私廬舍十餘萬區散處其人以便薪水官吏自前資待鈌寄居者皆賦以祿使即民所聚選老弱病瘠者廩之仍書其勞約他日爲奏請受賞每五日趣遣人持酒肉飯餼慰藉出於至誠人各願爲盡力山林川澤之利可資生者聽民擅取明年麥熟乃計其遠近受糧而歸凡活五千餘萬人募爲兵者

萬計帝聞遣使褒勞
益利路饑韓琦爲體量安撫使蠲減稅以募人入粟招募壯者刺爲廂禁軍一人充軍數口之家得以全活檄劍門關民流移欲東者勿禁簡州艱食爲甚明道中以災傷嘗勸誘納粟後糶錢十六萬歸常平琦曰是錢乃賑濟之餘非官緡也發庫盡給四等以下戶逐貪殘不職吏罷冗役七百六十人爲饘粥活饑人一百九十餘萬後知揚州徙定州兼安撫使賑活饑民數百萬璽書褒激隣道視以爲準

錄曰以帝之憂民而獨與琦盡心荒政譬則萬華之圖而值製錦者體裁之工也良玉之肆而遇善治者追琢之力也天

非不欲常煦也流行之度難保其無寒侍吾有以禦之則恒温矣民非不欲常飽也適逢之數未必其無饑賴吾有以處之則無患矣觀弼所活五千餘萬人而琦所活亦數百萬苟非視民之溺猶已溺視民之饑猶已饑至誠感動於上下公私之間安得人人盡力如巳哉嗚呼法可傳而心不可傳能盡心於無我則能盡心於二公之荒政矣

按救荒之道預備則曰常平臨時則有散賑平糶及煑粥法散賑者或銀或米聚災黎給之勢不能繼惠不能徧在小災時可也平糶則暫發帑金出糴於隣近豐熟之地立限運到照本取直歸還公帑然亦止濟稍有力之家且二

者皆爲弊藪故最善莫如煮粥其說見於檀弓而大行於
彦國其法當於各城市村堡約畧人數多寡就近處擇寬
大廬舍爲粥廠或一所二所以至十數所散設四境每廠
多則百人少則數十人人數增則廠添置必須各歸本廠
者久之熟識自少冒濫且能相扶持也不得過百人者人
少則無擁擠踏藉爭擾不均之患且蒸瘦無自而起也而
又於每廠設長推本鄉有行誼者主之以才幹二人爲之
副其入册也長吏臨鄉逐一覈驗菜色易辨也隨即給票
爲憑不使閑口游食之人闌入其食之也每日二時分別
老幼壯丁婦女乞丐五項序入序坐設立名簿報查日有

一定之人人有一定之粥粥有一定之米米有一定之薪米必淘淨器必洗滌水必用甜煮必候熟勿得攙和麩糠冷水有司不時單騎猝往抯取親嘗察胥役之侵漁戒司事之凌虐其間或有怠惰轉委之弊有稠給親戚稀與行路之弊有盌小不足之弊有數少揑報之弊有伺候官至方行舉火之弊有每日一餐之弊有曠日待哺之弊有借端科斂之弊查實懲治甚者易置其人其實心好善者亦必時加獎犒事訖旌表庶人皆踴躍從事矣至於葢蓆棚墊穰草以處流移設醫生備藥餌以防疾病立互保杜盜竊以過亂萌勸義輸以籌不匱優貧士以存斯文以至掩

埋道殣嚴禁略賣務必多方調護各得其所不幸值此韓富之策有明驗也夫民心非好亂也特逼於饑寒不得已而蹈之而罷緩怯事之臣必以聚易散難慮生他變假其辭以自諉嗚呼亦患心之不實行之未善耳若消弭於幾而走險之時何如肉白骨於輾轉溝壑之際也哉仁人君子知必有以講求之矣

嘉祐八年春三月辛未帝崩遺制下日雖深山窮谷莫不奔走悲號而不能止

錄曰中庸言祿位名壽帝可謂兼得者矣蓋位人可得也必若幼冲踐祚鼎盛乘乾以至四十二年之久此不可必也祿

人可得也必若泮渙爾游優游爾休以至歌舞太平之盛此不可必也名人可得也必若君子道長小人道消以至康定慶曆之際此不可必也壽人可得也必若深山窮谷如喪考妣以至奔走悲號之極此不可必也斯帝之所以爲仁宗也若元之皇慶有明之洪熙後皆得謚爲仁而一在位止九年一嗣統僅數月孰若宋帝之深仁厚澤足以掩前而絶後哉

按祿位名壽四者皆天下之大美生人之至願無論賢愚必欲兼得之而無所別擇取舍其間者也顧其中有人焉有天焉德厚才優而君相見舉聲稱藉甚欲寡心淸而體同金石克享大年此可自我必者也人也乃孔子大聖而

而身不遇泰伯三讓民無稱焉顏冉居德行而夭疾此不可自我必者也天也且夫四者之難亦莫難於名耳古今來惟庸庸者多厚福而山夫田叟往往壽至期頤特是令聞不彰不能厠一名一字於汗青之簡竟與無知草木同歸腐敗焉爾然則人苟有名則其餘皆爲大德之休徵人苟無名則其他不過偶然之福澤從古無所短長之輩有靡厚祿擁高位登上壽者矣未見其有能致令名者卽或竊一時之虛聲豈能致沒世之稱譽哉夫好名者猶不失爲三代以下之君子苟一馳情於祿位希心於壽考則必淪於勢利入於愚迷徙喪厥名而所求卒不遂故有志之

士惟務修德以成名而天之所遭固不必計也

弘道錄卷之一終

弘道錄卷之二

明刑部員外郎仁和邵經邦弘齋學
皇清詹事府少詹事四世孫遠平補案

父子之仁

書堯典虞舜父頑母嚚象傲克諧以孝

錄曰此稽古史臣第一義也夫孝爲萬善之原仁之本務也以堯舜之大聖行禪授之大事不過曰克諧以孝而已然則聖人之德又何以加於此乎

按舜之前帝未有以孝名者有之自舜始而漢以後帝王之謚無不以孝爲首稱葢萬善之原以順天下治道所最

先也然亘古迄今以孝聞而履帝位者惟舜一人故言君則莫大乎堯言孝則莫大乎舜堯能蓋兄之愆未始非孝舜有天下不與無非則天而各舉之者卽其最著而言也又按史遷謂窮蟬父曰帝顓頊顓頊父曰昌意傳至舜凡七世其於夏紀則曰鯀父顓頊誠若斯則舜爲堯之從孫禹爲舜之從祖仍一家而自相禪受也謂之公天下可乎惟堯以至公授在下之䌽故曰揖讓舜以至公傳有功之佐故曰與賢如謂鯀弟蟬兄皆本顓頊一體夫何鯀則始生禹子蟬遂遠歷五傳舜年尚長禹二十揆諸年歲亦甚懸殊矧顓頊在位七十八年帝嚳繼之在位七十年摯立

九年堯在位七十二年歷二百三十餘年至舜而始殛以爲顓頊卽生鯀有是理乎苐據側陋在下之言則舜之與堯禹之於舜必非同祖所謂自黄帝至舜禹皆一姓而異國號之說謬矣書曰受終文祖者堯之始祖也告堯之祖廟以明其所從受也禹受命於文宗卽是堯廟又推舜所自受之帝也顓頊豈舜禹之祖哉

孟子萬章問曰人有言至於禹而德衰不傳於賢而傳於子有諸孟子曰天與賢則與賢天與子則與子昔者禹薦益於天七年禹崩三年之喪畢益避禹之子於箕山之陰朝覲訟獄者不之益而之啟曰吾君之子也謳歌者不謳歌益而謳歌啟曰吾

君之子也丹朱之不肖舜之子亦不肖舜之相堯禹之相舜也歷年多施澤於民久啟賢能敬承繼禹之道益之相禹也歷年少施澤於民未久舜禹益相去久遠其子之賢不肖皆天也非人之所能爲也莫之爲而爲者天也莫之致而至者命也

錄曰此家天下之始萬世共由而莫之易者也蓋盡心知性而後可以言天窮理盡性而後可以言命苟一毫之未盡未有不爲子之趙普者彼曷嘗不言天與命哉其所建非天下之至公則無以易天性之至愛所授非祖宗之至意則無以見統承之至恩是故朱與均堯舜曷嘗不愛之也哉爲天下得人難故不爲强避也至於益又曷嘗不薦之於天暴之於

民也哉不之益而之啟故不爲强奪也此豈人之所能與邪
孟子發明爲相久遠之故其子賢不肖之殊於天命二者益
爲詳盡讀者不可不察
按禹地平天成萬邦作乂故及身而有天下稷播百穀而
篤生文武以有天下契敷五教生湯而有天下皋陶明允
黎民懷之以司理爲理氏其裔孫理利貞避難伊侯之墟
變姓曰李分二支而隴西李廣之後生淵故唐與尊皋陶
爲德明皇帝左傳魯文公五年秋楚仲歸滅六冬公子燮
滅蓼臧文仲曰皋陶庭堅不祀杜預以庭堅爲皋陶字非
也庭堅本高陽氏子八凱之一後封于蓼而六則皋陶後

封國楚既滅之遂等齊民後李暠稱凉王至李淵而始造唐祚若伯益即史記所稱伯翳佐舜調馴鳥獸賜姓嬴氏者也蓋益爲虞官初則掌火烈山繼乃受命主畜後周孝王封非子于秦享國三十世故秦屬益後而造父封趙實啟趙宋考厥本支與秦同祖是五臣之後皆有天下或及身或及其子孫或遲之數十世其中間之興替享國之久暫雖曰天命何一不由人事哉

書太甲王徂桐宮居憂克終允德

錄曰中人之性不見所可憂而憂心不生不見所可懼而懼心不起於是浸淫於風慾而不自知也拂戾於訓誨而不自

覺也夫桐宮窀穸之所在衣冠之所藏雖以常人視之亦莫不望松楸而灑泣至是而太甲之心油然動勃然興矣其密邇先王之訓賢於師保之訓遠矣是故不邇聲色常接乎目也不吝改過每惕乎心也此顛覆之迹變而爲克終之德者誠有以警動之而然哉

按伊訓曰惟元祀十有二月太甲始居陰十二月爲正朔殷建丑也伊尹祠于先王奉嗣王祗見厥祖禮喪三年不祭故以祀先屬之冢宰也王徂桐宮宅憂克終允德徂者往也非廢也蓋因其居憂遂營宮於祖墓使之密邇先王疎遠羣小啟其自怨自艾之心耳惟三祀十有二月朔伊

尹以冕服奉嗣王歸于亳是三年諒陰既畢向以衰服居桐者今除衰而以冕服迎之非再立也始曰太甲既曰嗣王夫既爲嗣王矣尹顧可得而廢之哉蓋太甲宅憂禮也使之居桐實屬創事故謂之放而曰尹當國以朝諸侯龍門本紀之過也亦猶周公攝行王事禮記明堂位之訛也如霍光之於昌邑既非必嗣之人又無教諫之素旋立旋廢有同兒戲而欲與尹並稱難矣

無逸其在高宗時舊勞于外爰曁小人作其卽位乃或諒陰三年不言其惟不言言乃雍

錄曰商之尚質猶然太古之風也夫太子天下之本不可以

卑踰尊乃使久居民間與小民共甘苦乎可見小乙之愛其子非若後世姑息之意而有眞實無妄之誠朝廷萬幾之本不可以恩掩義乃至三年之久默然竟不言乎可見高宗之愛其父非若後世慮慕之文而有天性自然之感此三代人主高致盛節自周以下無聞也

詩大雅緜緜瓜瓞民之初生自土沮漆古公亶父陶復陶穴未有家室

錄曰論者謂太王肇基王迹迹者軌之轍也邠人曰仁人也不可失也豈非王者之軌轍與厥後武王纘太王之緒即纘此緜緜之仁耳不然以陶復陶穴之風而卜年卜世之基何

由而起善觀者當自得之
按太王當播遷時自常情觀之草昧經營日不暇給乃如詩所稱司徒司空之官皐門應門之立倉卒閒作爲毫不苟且局促後有天下亦遂循而用之垂爲一代制作蓋其規模宏遠實開武周之先故推本者以爲肇基王迹蓋至是而周家世德爲之一振太王國勢從此寖昌若謂以新造之邑而欲翦全盛之商不惟無是事亦豈有是心哉許氏說文引詩作戩商解云太王始受福於商而大其國也亦通

乃及王季維德之行太任有身生此文王

錄曰愚觀成周之際父祖子孫若是其盛而堯舜反不能及何也意者天地初闢氣未全純至周而貞元會合匪但一家之積累而實天地之積慶此非一朝一夕之故矣不然以洽陽渭涘與釐降嬀汭何以不相若乎

列女傳太任之性端一誠莊及其有娠目不視惡色耳不聽惡聲口不出傲言生文王而明聖太任教之以一而識百卒爲周宗君子謂太任爲能胎教

錄曰愚觀胎教之言未嘗不嘆其至理之所寓也夫天命之性無形者也男女之感有氣者也無形者不可以善惡言性善故也有感者則其邪正善惡自此分矣匪但是也而貴賤

壽夭無不兹焉是判所謂氣質之禀與生俱生一定而不可易者其卒爲周宗不亦宜乎

按胎教者葢妙合而凝之時正形生神發之候感於正則善感於邪則惡乃自然之理也古者婦人有娠則寢不側坐不邊立不蹕不食邪味不聽淫聲而所以養之於正者尤在向夜寧靜當方寸虛明萬善不擾更令瞽誦詩道正事自此嚮晦晏息無非默養以培植正氣則生而端正品過常人可見古人當未生以前尚必祇慎如此况於豫教其可緩哉太任生有聖德端莊性成何待娠時而始若是作者特提胎教之說以爲列女法則爾

中庸子曰無憂者其惟文王乎以王季爲父以武王爲子父作之子述之

錄曰孔子曰仁者不憂釋者曰理足以勝私故不憂文王以王季爲父苟若私意勝則必逞其欲速之心而陷父於不義者有之矣以武王爲子苟若私意勝則必預爲不拔之業而陷子於不臣者有之矣以是爲訓後世尚有欲爲周文王者嗚呼是何文王之多乎

詩周南螽斯羽詵詵兮宜爾子孫振振兮螽斯羽薨薨兮宜爾子孫繩繩兮螽斯羽揖揖兮宜爾子孫蟄蟄兮

錄曰詩言后妃不妒而子孫衆多何以有是德而宜有是福

也蓋前乎此者多及王世不可宗剏可繼乎後乎此者多陰禍燎不可遏剏可長乎夫人不間於父母昆弟之言可以觀孝矣言不離於衆妾內子之口可以觀德矣和非婦子嘻嘻也貫魚以宮人寵無不利其周之世恩乎進非枯楊生稊也王假有家交相愛也其文之家法乎此而論德則德廣此而言福則福大矣

麟之趾振振公子吁嗟麟兮麟之定振振公姓吁嗟麟兮麟之角振振公族吁嗟麟兮

錄曰愚觀王者之瑞未有若是之眞實頌美之辭未有若是之親切者也夫麟有在郊藪矣然而未見也剏四靈之物無

形而羣公之子有象曷若振振者之克肖乎此詩深有得於觀感興起非但諷說向慕已也抑商有外丙仲壬之夭漢有隱王少帝之辜唐有建成元吉之難宋有光美德昭之議孰有如周之文武成康繼體者哉以爲王者之瑞誠非誣矣

禮記文王世子文王有疾武王不說冠帶而養文王一飯亦一飯文王再飯亦再飯旬有二日乃間文王謂武王曰女何夢矣對曰夢帝與我九齡文王曰女以爲何也曰西方有九國君王其終撫諸曰非也古者謂齒爲齡我百爾九十吾與爾三焉文王九十七乃終武王九十三而終

錄曰武何以有是夢也愛親之心篤所謂先天而天弗違也

文何以有是應也愛子之心專所謂後天而天奉時也天且弗違而人何疑議之有哉文與武體雖有二而誠之所通初無間也其一飯再飯以至旬有二日間純乎爲親之意舉天下物物何以加之乎木石豚魚尚云可格矧神明之至理邪其曰九十七九十三者乃實理之應適會其數雖不益以文王三齡安知武王之有滅乎要之人生以百歲爲期初不屑屑拘此觀者不以辭害意可也

按夢寐之説君子不道文武大聖而顧爲此言乎考武王已卯滅商至乙酉而崩中更六歲尚有武庚管蔡之謀多士多方之誥使非益以三齡則經營草創不知幾何疏漏

矣然則文王之與所關匪細實亦天心所在而或者乃云
壽所自有命由天制何能取已與人不知至誠無日不與
天通既能知命自能立命可以小儒臆見妄測夫天與聖
人邪或又謂武王崩時尚有唐叔少子成王不宜幼冲即
古人三十始室八十外或有生子之事然立嗣必嫡元配
邑姜爲太公望女不應尚少揆之於理殊有疑礙姑留之
以俟世之博通經史者

詩周頌閔予小子遭家不造嬛嬛在疚於乎皇考永世克孝念
兹皇祖陟降庭止維予小子夙夜敬止於乎皇王繼序思不忘

錄曰所謂就文武之業崇大化之本者蓋天地之大化曰仁

聖人之至德曰孝凡媚茲一人而應侯順德者莫非以是爲之本也故太甲之徂桐高宗之宅憂成王之煢煢在疚三王所以底於嗣守之賢者同一道也皇王之孝非有他求其端出於天乃艮心之眞切也其思閟於祖乃憂飭之通微也其質要於鬼神乃百順之游衍也此所以思繼其序而不忘者也厥後大漢之典其審尚不異乎此元成以後此道微矣

書顧命惟四月哉生魄王不懌甲子王乃洮頮水相被冕服憑玉几乃同召太保奭芮伯彤伯畢公衛侯毛公師氏虎臣百尹御事王曰嗚呼疾大漸惟幾病日臻既彌留恐不獲誓言嗣茲予審訓命汝昔君文王武王宣重光奠麗陳教則肄肄不違用

克達殷集大命在後之侗敬迓天威嗣守文武大訓無敢昏逾今天降疾殆弗興弗悟爾尚明時朕言用敬保元子釗弘濟于艱難

錄曰此成王所以正其終與康王所以正其始可爲萬世法也夫托孤寄命未有若周之得人者以王室懿親當太保重任雖有君臣之分而其休戚所關若同舟而颶於中流並轡而馳於康莊亦安得而不兢業哉彼成王者始也予其懲而毖後患苟非周公何以能保明其身乎終也宜重光而達大命苟非召公何以能敬保元子乎此艱難之意成王身歷之故其言之親切如此非若安劉必勃之徒取僥倖也

柔遠能邇安勸小大庶邦思夫人自亂于威儀爾無以釗冒貢于非幾

錄曰幾者虞廷傳心之要法也非至明疇能察之非至健疇能决之成王誠得於緝熙仔肩之所致而非泛然之臆說也夫動而泛應則紹庭上下陟降厥家可須臾忽怠乎靜而愼獨則一日二日萬幾可瞬息不善乎而在嗣君尤切焉者以其心之未純守之未固一旦出居人上易致驕泰之失入邇近習冒進不善之幾則所以柔遠能邇者皆無其具矣此盈成之至計保傅之全功豈佳兒佳婦之言徒見其所爲親而不詳於理道者可同日語哉

論語周公謂魯公曰君子不施其親不使大臣怨乎不以故舊無大故則不棄也無求備於一人
錄曰此周公之家法夫子所謂一變至道是也厥後魯公爲治先内而後外先仁而後義豈非得於此訓者深乎故曰魯之澤及十世魯有王者之迹者仁厚也間嘗過曲阜觀周公廟庭曾無一人配享者竊意大聖人之德生能配天死無以配食且以魯公之賢無忝周公之教以之配饗夫豈不宜當俟後之君子論定焉
詩大雅王命召虎來旬來宣文武受命召公維翰無曰予小子召公是似肇敏戎公用錫爾祉釐爾圭瓚秬鬯一卣告于文人

錫山土田于周受命自名祖命虎拜稽首天子萬年虎拜稽首
對揚王休作名公考天子萬壽

錄曰以文武成康之世德使爲之臣者無象賢之子繩武之
孫則下無其應何以能尊尊報功褒耆德勸親賢而垂永世
之規模邪周家最重世臣故穆公淮南之功既錫之策命重
以祭器加之封邑又特使往岐豐先王之廟從其祖受命以
示寵異穆公亦因此作廟器彰榮君賜一何偉哉蓋世臣與
國同休有一體之誼國子教胄特先於俊民非無謂也

按自陶唐迄周父作子述無憂者止文王一人堯有嚚訟
之子禹有圮族之父舜父頑而商均弗類夏商之臣亂侯

臣靡不聞其先甘盤傳說不傳其後度非盡紀載之略也
周時周名分封留相天子復賜名公湯沐邑于名周公湯
沐邑于周夫周公食采不嫌與國同號尤爲希有之數厥
後夾輔王室世世勿替而於衆建諸侯中亦唯魯稱秉禮
燕獨後亡過夏商諸臣遠矣至五臣之後並爲帝王而祚
有修短蓋爲治不外教養二端稷爲養民之官故周家累
世賢聖歷年最久契爲教民之官故賢聖之君六七作即
其後尚有長世之微子而吾夫子實出于宋師表萬世歷
數更自無窮致此之故良非偶然矣
家語孔子之先宋後也微子啟殷帝乙之元子入爲王卿士微

者國名子爵周公相成王命微子爲殷後與國于宋弟號微仲
仲生宋公稽稽生丁公申申生湣公熙熙生弗父何何當嗣而
讓其弟厲公焉何生宋父周周生世父勝世世爲宋卿勝生正考
甫考甫生孔父嘉其後以孔爲氏嘉生木金父木金父生睪夷
父其子爲防叔辟華督之難而奔魯故孔子爲魯人防叔生伯
夏伯夏生叔梁紇禱於尼丘之山生孔子

錄曰遷知世孔子矣而顧遺其先系何邪微子統承先王孔
子實紹殷後三代更起迭運可謂至仁矣夫契敷五教明人
倫萬世仁義禮樂之宗也湯繼夏后而有天下其立本發源
實肇於此至微子生有聖德后與帝乙皆欲立之則微子固

當命世爲天子矣及其抱器奔周周亦不敢臣之而使修其禮物作賓王家數世而後周德浸衰天乃篤生大聖爲萬代仁義禮樂之宗主雖不繼周而王實以代商爲治觀夫子嘗曰吾學殷禮有宋存焉其隱然自任之心可見是可遺而弗論乎通志救馬遷之失亦略而不書失其本矣

按孔子生有異質凡四十九表反手洼面月角日準河目海口龍顙斗唇昌顔均頤輔喉駢齒龍形龜脊虎掌駢脇修肱參膺圩頂山臍林背翼臂注頭阜頬堤眉地足谷竅雷聲澤腹修上趨下末僂耳後面如蒙棋手垂過膝耳垂珠庭眉十二釆目六十四理立似鳳峙坐若龍蹲手握天

文足履度宇望之如仆就之如升視若營四海躬履謙讓
腹有文曰制作定世符其說見之世本緯書及孔氏家譜
祖庭等記　又按微殷畿內國也孔安國云微子旣國於
此其長子應曰微伯蚤卒有子名腯次子曰微仲名衍即
後國于宋者在禮適子死立適孫次子不得干位微子則
從其故殷之禮舍腯而傳衍故微仲實微子之第二子非
其弟也再考班固古今人表於微子下註曰紂兄宋微仲
下註曰啟子其證益明後雖襲封宋公終身止稱微仲無
國邑而從父爵亦以著忠孝之義云爾

孔子年十九娶于宋之亓官氏一歲而生伯魚魯昭公遺之鯉

魚孔子榮君貺故名曰鯉而字伯魚伯魚生伋字子思

錄曰商自契以來而至於湯又自湯以降而封於宋歷千有餘年而後孔氏興又自正考父佐戴武宣歷數世而後孔子出孔子復娶于宋而生伯魚伯魚復生伋而後道統之傳得其宗天爲萬世計欲以繼往開來所關非小補也錄之以補史記古史通志諸書之缺

孝經仲尼居曾子侍子曰先王有至德要道以順天下民用和睦上下無怨汝知之乎曾子避席曰參不敏何足以知之子曰夫孝德之本也教之所由生也身體髮膚受之父母不敢毀傷孝之始也立身行道揚名於後世以顯父母孝之終也夫孝始

於事親中於事君終於立身大雅云無念爾祖聿修厥德

錄曰夫所謂至德要道何也曰心也心何以至而要也此對天下與民與上下言也何以天下與民與上下之非至而要也天下至廣也聖人以爲病焉博施是也兆民至繁也聖人以爲病焉濟衆是也上下至不齊也聖人以爲病焉絜矩是也豈其遂已哉天下雖廣親則一也兆民雖繁愛則一也上下雖舛順則一也親也愛也順也先王之心休休乎以爲美也綽綽乎以爲裕也視之弗可見而能加於百姓聽之弗可聞而能刑于四海故曰德之本也教之所由生也此通一經之本始明五孝之發端也

按禮大傳自仁率親節謂人倫之道以親親爲始而祖爲我親所自出族爲一氣所由分故立宗廟以時合祭敬所尊愛所親也欲長守宗廟不得不固社稷欲固社稷不得不慎用百官百官皆得其人則教化成而澤溥於四海矣可見順天下之至要惟在念祖修德推之於變時雍夫子兩言治天下如指掌皆此意也夫

論語有子曰其爲人也孝弟而好犯上者鮮矣不好犯上而好作亂者未之有也君子務本本立而道生孝弟也者其爲仁之本與

錄曰孝弟爲仁之本本猶根也凡物有根方有許多柯榦枝

葉所以務培其根者以生意在此也設有人焉接人一團和氣而家庭有未善焉可謂仁乎又有人焉惟孝友于兄弟廼加人以橫逆焉有是理乎故曰孝弟而好犯上作亂者未有也然此日用常行之道無甚高難行之事君子何乃專用力於此正以本立道生則將推之天地萬物無不各得其所豈非仁之本乎門人以有子言行氣象似聖人故記於開卷之首然則務本者豈非時習之第一義與

孟子未有仁而遺其親者也

錄曰夫所謂遺親者卽世俗不孝有五之類惟不仁則徇於人欲之私而至此仁則一舉足一出言不敢忘父母故嘗聽

於無聲視於無形豈有惰其四肢乎居則致其敬養則致其樂豈有博奕好飲酒乎父母之所愛者子亦愛之豈有好貨財私妻子乎色不忘乎目聲不絶乎耳豈有縱耳目之欲乎居上不驕爲下不亂在醜不爭豈有好勇鬬狠乎凡此皆人倫莫大之幸家道無窮之益三書開卷之首不可不察也

仁之實事親是也

錄曰實者非對華而言亦非如果核之實乃本然歸宿處也蓋仁之所以爲仁非泛然之謂乃天生父子其性至愛本然歸宿處在於事親故謂之仁也下文義智禮樂莫不皆然至於樂則生矣則仁之全體呈露大用顯行極至手舞足蹈然

皆出於本然歸宿處非有所外求非有所假飾直示人以喫緊活潑之道大抵聖賢之言譬之化工生意俱包在內人覷之有層層葉葉只是一箇骨朶內發出來便是仁之實也

詩小雅蓼蓼者莪匪莪伊蒿哀哀父母生我劬勞蓼蓼者莪匪莪伊蔚哀哀父母生我勞瘁缾之罄矣維罍之恥鮮民之生不如死之久矣無父何怙無母何恃出則銜恤入則靡至父兮生我母兮鞠我拊我畜我長我育我顧我復我出入腹我欲報之德昊天罔極南山烈烈飄風發發民莫不穀我獨何害南山律律飄風弗弗民莫不穀我獨不卒

錄曰治世之言宣以達其辭平季世之言矯以激其辭切故

將毋來諗者非不知劬勞顧復也君探其情而代之言則必無私慽矣陟岵陟屺者非不知缾罄罍耻也而能尚慎旃哉猶可以致其情矣今既不得終養以盡人子之心又無所惘勞以見君父之義無可歸咎而歸之於已其呼天怨慕之狀豈得已哉所謂不盡繼之以血極其哀惘而不自知者也

禮記祭義孝子之有深愛者必有和氣有和氣者必有愉色有愉色者必有婉容孝子如執玉如奉盈洞洞屬屬然如弗勝如將失之嚴威儼恪非所以事親也

錄曰子夏曰事父母能竭其力而孔子教之曰色難其義何居蓋色之與力當自有辨色發氣之所動也不可以矯揉而

爲勉强而致其心和則氣和氣和則發氣滿容有莫知其所以然者此卽本心之仁也夫子因子夏謹守之故恐其以竭力爲足盡孝故啟而發之不然以商之長於文學記禮者多出其門豈不知嚴威儼恪之非所以事親哉

按人子事親別無他道只一愛心纏綿不已惟恐稍拂親心斯爲眞孝故愉色婉容皆天性之誠中形外無可勉飾不容轉念者至於由愛生敬凡人於貴重之物執之患其易墜於盈滿之物奉之患其易覆子之事親如執玉如奉盈無非一種深愛之意所流露而不自知若徒嚴威儼恪雖日具衣冠而拜堂下豈父母之所樂乎

曾子曰孝子之養老也樂其心不違其志樂其耳目安其寢處以其飲食忠養之是故父母之所愛亦愛之父母之所敬亦敬之至於犬馬盡然而况人乎

錄曰夫所謂忠養者盡己之心爲忠則與能竭其力者異矣孟子言曾子養曾晳必有酒肉將徹必請所與問有餘必曰有又謂曾晳嗜羊棗曾子不忍食羊棗何莫非盡己之心哉此事親若曾子者庶幾盡仁矣

子路曰傷哉貧也生無以爲養死無以爲葬孔子曰啜菽飲水盡其歡斯之謂孝

錄曰夫所謂盡其歡者責人以三牲五鼎則儒者無善養勉

人以虀醢桓楹則貧者無善蔬啜菽非旨也靡靡者爲之砥也飲水非甘也皆醉者爲之醒也孰謂一言之間而非至教所寓哉

按父子天性惟由愛盡歡斯足爲孝所謂甘旨何必過求珍饈異味哉如蔡順黑椹供親赤者自食一種樸樕眞摯之意天然流溢豈待有心出之所以世間惟貧人貧時多有眞孝苟一旦得志則雖大烹以養其體章服以榮其身聲音玩好以娛其耳目常恐虛文盛而實意稍疎問視勤而志氣或怠固不獨妻子備爲然也

詩南陔補亡循彼南陔言采其蘭眷戀庭闈心不遑安彼居之

子罔或游盤馨爾夕膳潔爾晨飡循彼南陔厥草油油彼居之子色思其柔眷戀庭闈心不遑留馨爾夕膳潔爾晨羞有獺有獺在河之涘凌波赴汨噬魴捕鯉嗷嗷林鳥受哺于子養隆敬薄惟禽之似勗增爾虔以介丕祉

錄曰此補亡詩而必錄之者蓋以周道衰仁孝薄於是有不父其父者有證父爲直者甚至有母喪而登木以歌者曾不知報本之義反哺之恩焉哀哉何禽獺之不若也此詩本無辭而著於鄉飲酒合樂之用君子因聲以通義得義以綴恩庶幾仁孝之不廢也與

按儀禮南陔以下六詩皆於燕飲之際以笙間歌即尚書

笙歌以間之說故歌鹿鳴四牡皇華則笙南陔白華華黍所謂工歌三終笙入三終也其次歌魚麗則笙由庚歌嘉魚則笙崇丘歌南山有臺則笙由儀歌笙相禪所謂間歌三終也六詩本皆無辭毛亨詁訓謂至秦滅學詩亡六篇晉束皙補之妄謬可知矣朱子謂笙必有譜如投壺篇魯鼓薛鼓之類須溪胡氏云當時元只有聲即如琴譜今則亡之然既曰笙詩未有詩而無辭者且序稱南陔廢則孝友缺白華廢則廉恥缺六詩並不可少即其所補辭兼有益於世道則雖不可匹之於經亦異於魏晉之駢麗者矣

漢書文帝元年有司請早建太子上曰朕既不德縱不能博求

天下賢聖有德之人而禪天下焉而曰豫建太子是重吾不德也有司固請曰豫建太子所以重宗廟社稷不忘天下也古者殷周有國治安皆千餘歲用此道也立嗣必子所從來遠矣高帝平天下爲太祖子孫繼嗣世世不絕今釋宜建而更議不宜子啟最長純厚慈仁請建以爲太子上許之

錄曰自秦廢扶蘇而天下亂兵革不息生民塗炭未有甚於此時者也漢高目睹其弊乃亦有營營之惑雖以期期之言未能遽止以是復召呂氏之禍卒致庶孽亂眞漢之不泰無幾哉迎代之謀一大幾也元年之詔又一幾也西漢二百年之垂統人心天命於是乎在亦以見父子之分既絕而復續

其道既墜而復振嗚呼可謂仁哉

文帝居代邸薄后嘗病三年帝目不交睫衣不解帶湯藥非口親嘗弗進故袁盎謂曾參以布衣猶難之今陛下以王者修之過曾參遠矣

錄曰人之修行於親果殊貴賤乎分難易乎夫孝德之本通於神明自天子下至布衣其性無有異也率其性則難者易耳參與帝其誰以是爲輕重乎盎之言諛且謬矣

齊太倉令淳于意有罪當刑詔獄逮繫長安其少女緹縈上書曰妾父爲吏齊中皆稱其廉平今坐法當刑妾傷死者不可復生斷者不可復屬雖後欲改過自新其道無繇也妾願沒入爲

官婢以贖父罪天子憐其意詔除肉刑
錄曰漢文帝不猶愈於齊宣王乎以天地之貴重於角者之牛而大賢之論多於少女之說帝之屈法伸恩又非以小易大所可比也而紛紛以爲病何哉曷不曰是心足以王乎既非納交要譽惡其聲而然則不免過於愛過於厚矣
衛太子之子史皇孫生子病已號皇曾孫生數月遭巫蠱事坐收繫獄丙吉受詔治獄重哀皇曾孫無辜擇謹厚女徒令乳養置閒燥及昌邑王廢霍光與諸大臣議所立未定丙吉謂光曰武帝曾孫名病已者通經術有美材行安而節和願將軍定大策光與丞相張敞上奏曰武帝曾孫病已年十八躬行節儉慈

仁愛人可以嗣孝昭後皇太后詔可乃迎即位

錄曰傳曰人衆則能勝天天定亦能勝人信哉史稱太子仁恕温謹上嫌其才能少有類已又曰武帝用法嚴多任深刻吏太子寛厚多所平反太子誠無負於漢也及帝春秋旣耄后寵益衰於是巫蠱之獄卒然而起蓋人衆勝天是以若彼岌殆也及至輪臺旣悟思子益悲於是太山之石不扶而立上林之柳不植而生蓋天定勝人是以若合符節也戾之身雖不有天下而其後必承漢祚於此可見父祖子孫終無泯没之理特人與天悖時與事違以致病已無親而弗陵無後也可勝慨哉

世祖光武景帝子長沙定王發之後也發生春陵節侯買買生戴侯熊渠熊渠生考侯仁仁以南方卑濕徙封南陽白水鄉仁卒子敞嗣值莽篡位國除節侯少子外爲鬱林太守外生鉅鹿都尉回回生南頓令欽欽娶湖陽樊重女生三男縯仲秀秀隆準日角性勤稼穡秀姊元爲新野鄧晨妻秀嘗與晨俱過穰人蔡少公少公頗學圖讖言劉秀當爲天子後卽位是爲東漢

蜀先主備亦景帝子中山靖王勝之後也勝子貞元狩六年封涿縣陸城亭侯坐酎金失侯因家焉祖雄父弘世仕州郡雄舉孝廉官至東郡范令先主少孤與母販履織蓆爲業舍東南角籬上有桑生高五丈餘遙望見童童如小車蓋往來者怪之謂

當出貴人先主少時與宗中諸小兒戲樹下言吾必當乘此羽葆蓋車後累官益州牧及曹丕篡即位于蜀曰後漢

錄曰嘗觀世祖昭烈之際未嘗不喟然嘆也夫秦廢封建漢興懲其孤立大封同姓德藹然至矣乃不旋踵間而誅僇殆盡非惟不足爲藩屏之衛且并其血肉之軀而亡之此其故何邪自古開國之君惟漢起於匹夫一時父兄子姓乘奮起之運無有毫髮功德及民帝亦不過泗上一亭長耳其斷蛇之劍尚腥大風之威猶在烏在其能澤而長乎逮至文景五六十載以來海內殷富與於禮義漸至風移俗易黎民醇厚而漢之元氣始固然後庶孽之患頓然毆除忠厚之基翛然

遠引於是發封于長沙而後有世祖靖封于中山而後有昭烈光啟於式微之後承乾於既絕之餘而惠武昭宣之裔皆所不逮向使無文景之深仁厚澤漢之天下未必若是之久故知父子之間與夫傳世之際仁暴頓殊而綿促亦異君子其可忽乎哉

明德皇后馬氏伏波將軍女幼時相者見之曰法當大貴然少子若養他子得力當踰所生及爲貴人時后前母姊女賈氏亦以選入生肅宗明帝命后撫養之謂曰人未必當自生子但患愛養不至耳后於是盡心撫育過於已出肅宗亦孝心淳篤母子慈愛始終無纖介之間后常以皇嗣未廣每懷憂嘆薦達左

右恐不及後宮有進見者每加慰納若素所寵輙增隆遇

錄曰漢成帝時曹宮嘗生子矣上與昭儀大怒以藥飲宮棄其兒許美人亦生子矣昭儀涕泣不肯食竟死兒篋中埋屏處其他飲藥自傷墮者不可勝數史悉書之以貽千古之恨夫親生愛愛生恩人雖至暗極愚獨不念恩自已流愛自已生安忍若是其悖戾邪意者天厭淫德至后與昭儀已極不如是則其嗣不絕他日必無以子殺母之理而福善禍淫之道竟不著矣故感馬后之事追論之以戒萬世

肅宗初承永平故事政尚嚴切尚書陳寵上疏曰臣聞先王之政賞不僭刑不濫與其不得已寧僭無濫往者斷獄嚴明所以

威懲姦慝姦慝既平必宜濟之以寬夫爲政猶張琴瑟大弦急者小弦絶陛下宜隆先王之道蕩滌繁苛之法輕薄箠楚以濟羣生全廣至德以奉天心帝深納其言

錄曰寵曾祖咸成哀間以律令爲尚書平帝時王莽輔政多改漢制咸心非之常戒子孫曰爲人議法當依於輕愼無與人重比祖欽皆在位父躬建武初爲廷尉左監家世習法律稱仁恕寵之言固有所受之也夫漢之元氣至此將殊矣苟非上有章順之君下有畏愼之臣承之以寬大濟之以慈祥天地生生之德子孫繩繩之美不其息乎厥後和帝寡嗣孫祐繼立孝冲天亡玄曾迭運皆出章帝之裔寵子忠能承父

風數世相延不絕豈非長厚之報乎嗚呼可以鑒矣
袁安子敞孫湯曾孫逢逢弟隗四世俱爲三公湯與逢嗣侯貴盛莫加焉初安爲縣功曹更任城令所在吏人畏愛之永平中拜楚郡太守時楚王英事下郡覆考辭連數千人吏案之急迫自誣死者衆安到郡不入府先往案獄理其無明驗者條上出之府丞掾吏皆不可安曰如有不合太守當自坐不以相及也明帝感悟報許得出者四百餘家徵爲河南尹政號嚴明然未嘗以贓罪鞫人常稱曰凡學仕者高則望宰相下則希牧守錮人於聖世所不忍爲聞者皆感激自厲
錄曰華嶠論陳平多陰謀而知其後必廢邴吉有陰德夏侯

勝識其當封終陳掌不侯而郲昌紹國袁公乃倩帝室引義雅正及理楚獄多雪無辜與未嘗鞫人以贓罪其仁心所覃宜乎後昆之昌盛也或曰安父没母使訪求塟地道逢書生問何之安爲言其故生乃指一處云塟此當世爲上公須臾不見安異之於是遂塟其所指處故累世貴顯其言恐不純乎理使人覬覦之心生故附識於此

按古之塟者厚衣以薪塟之中野墳墓之昉所以安妥先人骸魄元非爲求蔭後故皆擇北方幽陰之位義取安藏也雖陶侃牛眠智與竹策不無昌後之驗然皆得之無心非可求謀而致司馬温公曰人之貴賤壽夭繫乎天賢愚

繫乎人無關於地理昔吾祖之葬吾兄皆以己意取便於事者今吾兄年七十九以列卿致仕吾年六十六忝備侍從子孫之從仕者二十有三人視他家謹用葬書者未必勝也范文正公初卜居堪輿家謂公卿當接踵公曰我家獨貴孰若使吳中士子多貴奏請建學其地而公家益顯今人多惑於形家言百計營求或蕪棄膏腴或恐心暴露甚至破久安之塚更維新之阡反復變易妄希非分則恃祖父之枯骨謀子孫之福利不責諸人而責望於鬼不惟非所謂孝抑亦無志甚矣大凡葬親者止宜慎重以爲避風避水之計不可覬覦以起欲富欲貴之心蓋吉壤可遇

不可求何如修德以俟之乎

楊震父寶子秉孫賜曾孫彪四世太尉德業相望震少好學明經諸儒稱之曰關西夫子嘗遷荊州刺史當之郡道經昌邑故所舉荊州茂才王密爲邑令謁見懷金十斤以遺震震曰故人知君君不知故人何也密曰暮夜無知者震曰天知地知我知子知何爲無知密愧而出後轉涿郡太守性公廉不受私謁子孫常蔬食步行或欲爲開產業震不肯曰使後人稱淸白吏子孫以此遺之不已厚乎秉少傳父學隱居教授年四十餘乃應司空辟自爲刺史計日受奉餘祿不入私門朝廷有得失輒盡忠規諫性不飲酒及夫人早喪遂不復娶嘗言生平有三不惑

酒色財也賜篤志博聞不答州郡禮命後以司空高第再遷侍中巳爲司徒拜太尉封臨晉侯彪當熹平中以博習舊聞公車徵拜議郎遷侍中京兆尹中平六年爲司空又爲司徒及魏文帝受禪授光祿大夫賜几杖衣袍待以賓禮

錄曰嘗觀伯起前後之言足以破後世貪得之惑信哉可無負關西夫子之稱矣夫莫見乎隱莫顯乎微與夫十目所視十手所指皆孔門之要旨也其所謂淸白吏亦豈尋常好名者比哉觀其淸德相踵源遠流長比袁氏尤爲過之後世鮮有能及豈區區啣環之報所致哉

當塗長荀淑有子八人儉緄靖燾汪爽肅專並有名稱時人謂

之八龍渤海苑康改其里曰高陽里擬之八愷爽字慈明幼好
學十二能通春秋論語耽思經書徵命不應頴川爲之語曰荀
氏八龍慈明無雙靖字叔慈少有俊才動止以禮或問汝南許
章爽與靖孰賢曰皆玉也慈明外朗叔慈內潤時太丘長陳寔
有子六人紀字元方以至德稱諶字季方齊德同行人稱元方
難爲兄季方難爲弟兄弟孝養父子並著高名暇則詣荀氏雅
無僕役惟紀御車諶驂乘孫羣尚少載車中既至荀乃叔慈應
門慈明行酒文若年幼坐着膝前諸子相與討論時德星見太
史奏曰五百里內有賢人相聚會
　錄曰愚觀東漢一代始也客星見而興終也德星見而衰然

則懸象果不可信乎君者一時之表賢者衆心之歸也天不以霧露混茫而减德星之耀猶時不以彗孛往亡而絶賢聖之生故誦神之聽之終和且平之詩則知姬德之所由昌覩掩溺反袂吾已矣夫之嘆則知周道之所以亡不獨漢之末世而已然矣

按東漢稱荀陳齊名考寔居鄉正直率物爭訟求判者感之俱化曰寧爲刑罰所加無爲陳君所短有盜潛梁上寔覺夜起呼諸子訓之曰不善之人未必本惡習與性成遂至於此盜驚墜地取絹二疋遺之令改過自是一郡之内無竊盜者起家單微同郡鍾皓年輩遠在寔前引與爲友

皓為郡功曹舉寔自代太守高倫從之會中常侍侯覽託倫用吏寔曰此人不宜用而覽命不可違乞從外署於是鄉論怪其非舉寔固自引愆倫曰陳君可謂善則稱人過則歸己者矣夫荀氏父子競以文譽擅一時而太丘則以行誼訓誨其子不惟二難為名士孫羣仕魏為尚書歷世顯達荀氏且遜不逮有由然哉至天官家言含譽格澤皆曰德星不知荀陳時所見何等要皆史臣欲神其說假托附會史遷火流為烏聲魄色赤之故智爾

晉書嵇紹康之子也十歲而孤事母孝謹以父得罪靖居私門山濤啟武帝以紹賢侔郤鈌宜加旌命乃徵之始入洛或謂王

戎曰昨於稠人中見嵇紹昂昂然如野鶴之在鷄羣戎曰君復未見其父耳時侍中賈謐以外戚年少居位潘岳杜斌等皆附焉謐求友於紹紹拒不答及謐誅紹以不阿封弋陽子遷散騎常侍初反正上疏願陛下無忘金墉大司馬無忘潁上大將軍無忘黃橋則禍亂之萌無由兆矣及河間王顒成都王穎舉兵向京都以討長沙王乂大駕次城東乂宣言於衆曰今日西討誰爲都督六軍皆曰願嵇侍中紹以天子蒙塵承詔詣行在所値王師敗績于蕩陰百官散潰唯紹儼然端冕以身捍衛兵交御輦飛箭雨集紹隨被害於帝側血濺御服及事定左右欲浣衣帝曰此嵇侍中血勿去

錄曰按晉史侍中忠義之首而錄於父子之仁何也易曰幹父之蠱厲終吉中散者萬世名教之罪人也侍中者一代忠貞之巨擘也昔之死不惟輕於鴻毛而且穢於青史今之死不惟重於泰山而且光於日月昔之稱揚不過曰賢侔郤鈌今之褒顯將必曰世篤忠貞矧乃十歲而孤事母孝謹出於天性乎故曰求忠臣必於孝子之門職是道也

卞壼勤於吏事幹實當官欲軌正督世不肯苟同明帝器重之阮孚每謂其恒無閒泰壼曰諸君以道德恢弘風流相尚執鄙吝者非壼而誰時貴遊子弟多慕王澄謝鯤爲達壼厲色曰悖禮傷教罪莫斯甚中朝傾覆實由於此時庾亮將徵歷陽蘇峻

壺固爭曰峻擁彊兵多藏無賴且逼京師一旦有變易爲蹉跌宜深思遠慮亮不納峻果稱兵攻青溪柵詔壺都督軍事與峻拒于陵西力戰而死二子眕盱相隨赴賊同時見害壺妻裴氏撫尸哭曰父爲忠臣子爲孝子夫復何憾

錄曰愚觀兩晉之間而有卞氏父子可謂出類拔萃者矣夫峻之亂亮召之亮死之可也壺灼知其不可而顧死之何邪蓋狥名之與務實二者相去懸殊狥名者矜其威儀修其談論言合則蜉蝣焉事至則猶豫焉以清虛爲高致人亦不與其常而已安於其可也務實者執性堅剛持論篤實遇事而坐視有如仇讎臨難而苟免若將浼已以赴蹈爲素志人以

是推之而彼莫知其不可以故不至於死亡不已也然能殺
身成仁益彰完節子復求仁得仁忠孝兩全將與天地同其
久日月並其明以視王謝風流何啻千百哉
陶潛與子疏曰告儼俟份佚佟天地賦命生必有死自古聖賢
誰能獨免吾年過五十少而窮苦每以家敝東西游走性剛才
拙與物多忤自量爲己必貽俗患僶俛辭世使汝等幼而饑寒
余嘗感孺仲賢妻之言敗絮自擁何慚兒子此既一事矣但憾
鄰靡二仲室無萊婦抱茲苦心良獨內愧少學琴書偶愛閒靜
開卷有得便欣然忘食見樹木交陰時鳥變聲亦復歡然有喜
常言五六月中北窗下臥遇凉風暫至自謂羲皇上人意淺識

罕謂斯言可保日月暫往機巧好疎緬求在昔耿然如何病患以來漸就衰損親舊不遺每以藥石見救自恐大分將有限也汝輩稚小家貧每役柴水之勞何時可免念之在心若何可言然汝等雖曰同生當思四海皆兄弟之義鮑叔管仲分財無猜歸生伍舉班荆道舊遂能以敗爲成因喪立功他人尚爾況同父之人哉穎州韓元長漢末名士身處卿佐八十而終兄弟同居至於沒齒濟北氾稚春晉時操行人也七世同財家人無怨色詩曰高山仰止景行行止雖不能爾至心尚之汝其愼哉吾復何言

錄曰生人之道三綱爲首靖節一身舉無愧焉恖言於眞意

委運於大化幾於聞道者矣或疑其規規遺訓似過爲身後慮者不知父子天性何可廢乎斯疏自書契以來性衷眞切千古而下可想見其慈愛周密仁道篤厚非但榮辱之遠苦樂之共而已視彼徒潔身而亂大倫者可同日語哉

按陶潛責子詩曰白髮被兩鬢肌膚不復實雖有五男兒總不好紙筆阿舒已二八懶惰故無匹阿宣行志學而不愛文術雍端年十三不識六與七通子垂九齡但覓梨與栗天運苟如此且進杯中物其詩眞樸自然出於天性較之此疏尤爲入情故附識於此

吳隱之弱冠介立有淸操年十餘父喪每號泣行人爲之流涕

事母孝謹及執喪哀毀過禮嘗食鹹菹以其味旨掇而棄之與太常韓康伯隣居韓母殷浩之妹賢婦也每聞隱之哭聲輟飧投箸謂康伯曰汝若居銓衡當舉如此輩人及康伯爲吏部尚書隱之遂階清級

錄曰隱之史稱循吏所以酌貪泉而不易其心者固將立身行道揚名顯親而非爲一已之身也苟非自少介立哀慕其親安能卓然不變乎其毀傷過禮有由然也而康伯之秉鑑韓母之知人不寧同心抑且同里古云里仁爲美有如是哉可以貽後世之擇而處者

魏書咸陽公高允歷事五帝出入三省五十餘年仁恕簡靜雖

處貴重情同寒素執書吟覽晝夜不去手誨人以善恂恂不倦篤親念故無所遺棄任鎮東將軍懷州刺史時年將九十勸民學業風化頗行士人流移遠至者率皆饑寒允散財竭產相贍賑無不感其仁厚允母高年謂人曰吾見在中書時有陰德濟救民命若陽報不差吾壽應享百歲卒年九十八

錄曰死生亦大矣高伯恭以無貳無惑而母子皆登上壽知命者奚必營營然哉雖然一命之士苟存心愛物於人必有所濟矧中書之地政本所關乎跡其出入三省五十餘年又非長樂老之比矣及允卒懷州故老立祠野王之南樹碑記德其壽寧止百年必世而已乎

唐書太宗謂長孫無忌等曰今日吾生日世俗皆爲樂在朕翻成傷感今君臨天下富有四海而承歡膝下永不可得此子路所以有負米之傷也詩云哀哀父母生我劬勞奈何以劬勞之日更爲宴樂乎因泣數行下左右皆悲

錄曰太宗斯言仁人孝子之用心也夫萬壽無疆雖古今頌禱之辭然出之臣子自盡之情可也若以己處之豈以虛文之樂而易至情之悲乎可見太宗天資之美苟充以聖賢之學何堯舜之不可及哉

按古人置酒高會酒酣則起而爲壽以致祝頌故雅歌燕饗之什多有遐不黃耈壽考不忘君子萬年之語非必覽

揆佳辰親朋聚慶始效岡陵之咏也後世遇初生日輒開筵行觴笙歌累夕侈目前之成立忘劬勞之自來有識者亦時舉太宗之言用相譏議以爲父母如在或可少置一樽以娛二白然禮親在不稱老又子年益增則父母來日苦少爲子者亦不忍以我生之一日而始致孺慕於二親且使親或惕然於少壯衰老迭爲乘除之感也

狄仁傑從容言於天后曰姑姪之與母子孰親陛下立子則千秋萬歲後配食太廟承繼無窮立姪則未聞姪爲天子而祔姑於廟者太后意稍寤召還廬陵王

錄曰梁公之論肫肫乎天理人情之極至非但因其所明通

其所蔽巳也蓋子之於母天性之一本也姑之與姪異姓之懸殊也虎狼獰矣猶能知父子之親者淫未極也人惟縱欲之極而後本心閉塞本心閉塞而後異姓乘之雖然天后亦人爾孰無利害惕於其心哉此祔姑於廟之說直有以感動其未厭之仁心而論事有回天之力其梁公之謂乎

梁公爲并州法曹參軍時親在河陽梁公登太行山反顧見白雲孤飛謂左右曰吾親舍其下瞻悵久之雲移乃得去左右爲之感動

錄曰公之忠貞人所知也其誠孝人不知也傳曰事親孝故忠可移於君是知人臣不忠志之不行惟患行之不立不患

事之難濟惟患誠之未至李敬業以厥父撾殺之軀徒以一抔之土未乾六尺之孤安在爭之幾何其不滋亡矣乎

李晟數歲而孤事母孝謹朱泚據京師李懷光圖爲反噬晟乃大陳三軍于渭橋横跨大川斷賊首尾覘知賊重兵皆在苑中乃率騎步夜使人開苑牆二百餘步分道並入鼓譟雷動乘勝驅蹙至於白華朱泚姚令言相率遁走晟軍入京城屯含元殿前露布至上曰天生李晟爲社稷兆人非爲朕也及子愬復爲帥嘗乘雪夜破吳元濟止其外宅蔡州吏告城陷元濟不信俄聞愬軍號令將士乃曰何常侍得至此元濟於子城上請罪梯而下之檻送京師不戮一人與父晟日同聲並美

錄曰成湯之征葛以無敵之師行王者之政其民不知兵者順而易也晟父子之於唐以鑄漏之功遏滔天之陷其市不易肆不戮一人者逆而難也使晟聽諸將之議徒擾市里未必能成廓清之功媿信軍吏之言徒殺李祐必無以效坎墉之績故曰惟西平有子父子之間其功大而仁溥哉

按李晟家百口及神策軍士家屬皆在長安軍中有言及家者晟泣曰天子何在遑惜家乎及朱泚使親近以家書遺晟曰公家幸無恙晟怒曰爾敢為賊間邪立斬之以號於軍中古云為天下者不顧家雖顧之何益哉當泚盜京師懷光反咸陽此乾坤何等時也苟有一毫私意則方寸

既亂非惟不能有家將併不能有國矣厥後賜第供張迎導列懸轅之嚋昔之家何如乎矧有若憲若勰者在泚雖欲不善遇之敢得而傾之哉

李光弼本契丹遺種沈鷙有守遭世變拔任兵柄毅然有古良將風終父喪不入妻室事繼母至孝異於庸人武夫者又叚秀實亦武士爲人姁姁常低頭拱手行步言氣卑弱未嘗以色待物人視之儒者也六歲母病不勺飲至七日病間乃肯食時號孝童又李遜弟建與兄俱客荆州母憐其孝每曰建子勸吾食吾輒飽進藥吾意其瘳鄉人化之有爭鬬不詣公府而詣建德宗聞其賢擢右拾遺翰林學士

錄曰薛放有言人能孝慈則氣感和樂故以外裔之種武夫之末羈旅之賤而立功立節立名莫不根柢於此况貴如王公尊如中土賢如士大夫豈待論說而後知哉此皆有功世教史臣所以深贊之也

宋史眞宗大中祥符九年五月一日太子生後宮李氏出也知開封府周起方奏事帝曰知朕有喜乎曰不知帝曰朕始生子卽入禁中懷金錢出探以賜起初李入宮侍劉修儀莊重寡言帝命爲司寢既有娠從帝臨砌臺玉釵墜帝私卜釵完當得生男左右取釵進殊不毀帝喜甚已而果生子卽仁宗也

錄曰有宋一代其垂統立命之基實繫於此夫取天下於倉

卒之際當時雖無異辭後世未必與也三葉而有仁宗傳之四十二年之久深仁厚德漬髓淪肌祖宗之大業愈光帝王之正統斯定君子於仁人之生雖隔百世而其慶幸喜溢之私且油然於意言之表矣

仁宗景祐二年育汝南郡王允讓子宗實於宮中允讓太宗之孫父商王元份也帝未有嗣取命皇后撫鞠之時方四歲

錄曰時帝即位十三年年方二十六且曹后之立僅逾年爾遽取他人子育於宮中何也曰此帝所以稱仁而后所以稱賢也夫古人至正大公之舉莫過於繼嗣常人苟有千金之產年齒衰暮尚勉强覬覦必不得已猶不肯顯育同氣之子

況以神器之托曆數之歸苟非胸中純然有見於天理之公而無一毫人欲之私孰能無所繫累邪後之人君能以仁宗曹后爲法則雖不出於已嗣而萬世稱聖百代稱宗國祚永綿而不絕苟有私意雜於其間不以祖宗天下爲公而以繼嗣統緒爲諱萬一事起倉卒必不能光明正大如宋之仁宗者或曰以帝之仁而不能有後何也曰易盥而不薦有孚顒若夫能齋心滌慮以臨天下而感應之理未著焉然天下後世固已信其德之尊矣是故君子止勉於爲善之可繼而不能必後世之能繼可力於修德之相傳而不能必世澤之必傳其可能者人也其不可能者天也

建炎元年夏五月朔康王即位先是元祐皇后親降手書播告中外其畧曰歷年二百人不知兵傳世九君世無失德雖衆族有北轅之釁而敷天同左袒之心乃眷賢王越居舊服漢家之厄十世宜光武之中興獻公之子九人惟重耳之尚在茲乃天意夫豈人謀會宗澤言南京本藝祖興王地請幸之遂築壇應天府門之左王登壇受命是日元祐皇后在東京撤簾

錄曰晉元帝唐肅宗宋高宗皆自立者也而元祐太后之詔顯然明白天廼憖遺一老輓之元肅庶幾無愧統緒之仁矣當是時九廟震驚六宮離散一祖八宗之大業淪亡殆盡不可一日無君者也胡明仲上疏之言竊謂過矣

按東京既陷金人欲得玉牒交務官邵溥以三之一投諸火故宗室多獲免者此乎家始遷祖至浙之由也夫徽宗本三十一子止康王存其登壇嗣位宜也獨是時父兄蒙塵備歷艱苦正宜臥薪枕戈以圖二帝生還可也乃玉食錦衣偏安自足敵至則航海播遷俟其既去則又泄泄玩愒方且爲久處臨安計絕無意淮北一步甚至殺忠義以快敵負普天之同心東京黎庶翹首南懷棄而不顧亦獨何哉窺其意蓋恐二帝萬一回鑾則天位未必長保故假敵手以速其斃勝於歸處宮庭致煩籓鐵伐樹種種防範之多事也外示請迎之禮內有包藏之心故五國殂落而

後韋妃得歸金人亦墮其術中而不覺也悲夫

孝宗皇帝太祖七世孫也秦王德芳生英國公惟憲惟憲生新興侯從郁從郁生華陰侯世將世將生慶國公令譮令譮生偁是爲秀王夫人張氏以建炎元年十月生帝于秀州時高宗未有後昭慈聖獻皇后自江西還密爲高宗言之右僕射范宗尹造膝以請上虞丞婁仁亮上疏極言高宗大悟曰太祖以神武定天下子孫不得饗國遭時多艱零落可憫朕若不法仁宗爲天下計何以慰在天之靈於是詔選太祖後紹興二年五月育於禁中三十二年立爲太子已即皇帝位

理宗皇帝亦太祖十世孫父希瓐追封榮王母全氏以開禧元

年正月生帝于紹興寧宗無嗣選太祖孫年十五以上者教育
如高宗擇普安恩平故事乃與濟王竑並育禁中帝性凝重寡
言潔靜好學會濟王與丞相史彌遠有違言乃屬意帝嘉定十
七年八月寧宗違豫册爲皇太子巳嗣皇帝位

錄曰愚觀南宋之事未嘗不嘆天意之有在也蓋自高宗立
而忘父兄之讎人孰不痛之而不知天意固自有在若爲太
祖歐除之者夫以徽宗有子三十一人而一旦俱亡天豈無
意哉使二帝或自漠北而歸則徽宗未老欽宗方壯誕育未
可量也高與寧縱無嗣孝與理何由立乎卒之傳位六帝百
五十年與北宋媲美則是天道好還之報於此驗矣或者不

務觀理詭以粘没喝爲太祖後身嗚呼遽可信哉

按漢中山王勝有子百二十人此古今所無也晉姚弋仲有子四十二人吐谷渾有子六十人亦爲罕見徽宗三十一子不爲少矣靖康二年北行之後僅存高宗一人又無嗣續孝宗而下八君皆出自燕懿王德昭之後則是南宋歷傳一百五十三年於高宗三十六年之外仍屬太祖繼統而七修類稿載斡離不陷汴京殺太宗子孫幾盡宋臣有詣其營者觀其貌正與藝祖像相似當時殺德昭取光美深謀秘計與自殺者一間耳葢太宗惡報不獨在長子元佐之不得令終矣

曹武惠王彣芸生彬始晬以百玩之具羅席前觀其所取彬左手執干戈右手持俎豆斯須取一印他無所視當時異之及長爲大將伐江南每緩師冀李煜歸服及城垂克彬忽稱疾不視事諸將皆問候彬曰余疾非藥石所能愈惟願諸公誠心自誓城下之日不妄殺一人則自愈矣諸將許諾共焚香爲誓江南賴以保全子七人璨瑋大將顯名琳娶秦王女興平郡主至昭宣使玹左藏庫副使玘虞部員外郎珣東上閤門使琮西上閤門副使領鎮海軍節度使玘女即慈聖光獻皇后也後累贈芸魏王彬韓王玘吳王諸孫並通顯

錄曰牧誓之六伐七伐聖人用武之事也泰誓之一德一心

聖人居功之本也兵非得已也事苟可濟而必殘民以逞非惟逆天之道而人事之報可不鑒乎遠者秦項之徒近則翰與全斌之輩天怨人怒以至不遺一綫安在父祖子孫滿門全盛乎且江南無罪祇以臥榻之側不容他人鼾睡爾惟以不殺爲戒彬之立心肫肫仁矣豈暇爲後嗣計而出之哉

按彬之破遂州也諸將皆欲屠城彬獨執不可有獲婦女匿軍中者悉廉出之閉之空室令守者密護徧訪其親屬畀歸完聚間有孤子無侶者爲之擇配具奩裝嫁之此其用心尤爲肫摯可謂令嚴而仁溥矣夫子稱僑曰惠人宋祖謚彬曰武惠其猶古之遺愛也夫

王文正公父祐以文章顯於漢周之際入宋爲名臣嘗論杜重威使無反漢拒盧多遜害趙普之謀以百口明符彥卿無罪世多稱其陰德祐手植三槐於庭曰後世必有爲三公者此其所以志也子旦幼沈默好學有文祐器之曰此兒當至公相初祐以宿名久掌書命旦不十年繼其任時論美之錢若水負人倫鑒與旦同列每曰王君凌霄聳壑棟梁之材貴不可涯非吾所及帝素賢旦曰爲朕致太平者必斯人

錄曰愚觀司馬公寘寘之訓而知所謂陰德矣夫天理昭然者也人惟著之於心累之於躬而視之無見聽之無聞所謂寘也然豈一朝夕之所積哉自今言之寬心之量也不寬則

急廹狹隘吾寧斯須忘乎是寬可以積陰德也仁心之德也不仁則殘忍刻薄吾寧頃刻離乎是仁可以積陰德也公心之平也不公則偏私邪枉吾寧一息背乎是公可以積陰德也恕心之推也不恕則吹毛洗垢吾寧一念存乎是恕可以積陰德也非若釋氏之杳冥寂滅也

按王旦初應舉至京聞有子母相哭者詢其故謂父逋官錢鬻女將别而悲旦惻然謂其母曰盍以女與我往來時得相見母然之遂以直償原主約三日後來取踰期不至其母攜女來館舍虛無人矣及旦叅知政事家人出賀止之曰遭遇如此愈增憂懼何以賀爲可見三槐兆應父作

子繼積累非一人一世已也且位愈高而心愈下其兢業不自假滿之槩夫豈世祿之子可比哉今人居官立心未有能如祐者其子孫又從而斲削之是自踣其本根而漫言天道無知仁者無後則亦惑矣

范文正公有四子純祐純仁純禮純粹祐事父母孝未嘗違左右不應科第蔭守將作主簿以非所好即解去從父之鄧仁登進士亦以親遠不赴曰豈可重祿食而輕去父母邪嘗曰吾平生所學得之忠恕二字一生受用不盡凡立朝事君接待僚友親睦宗族未嘗須臾離也每戒諸子曰人雖至愚責人則明雖有聰明恕已則昏苟能以責人之心責已恕已之心恕人不患

不至聖賢地位又曰六經聖人之事知一字則行一字要須造次顛沛必於是則所謂有爲者亦若是爾文正公嘗謂諸子純仁得其忠純禮得其靜純粹得其畧知子孰如父云

錄曰語稱仁者有後人可自棄乎哉文正煢煢孤子少年尚冐朱氏介然一貧士也及其後也身爲將相子皆聞人非其心之所主有大過人者其能然哉夫憂樂一人之情也樂以天下憂以天下王者且然矧輔相乎忠恕切已之要也盡已之心與物無忤聖人且然矧學者乎嗚呼觀諸子之所得則知其所至不偶然矣

按自古有志之士多起式微方文正之煢煢在疚也苟有

可以自存之地何至冐彼朱姓邪惟其心志之苦筋骨之勞無所不至故能堅其先憂之志以成大受之材信有如孟子所稱者夫古今來貧士難更僕數而降大任者不恒見則以雖處困窮不肯動心忍性增所不能天惟因材而篤豈漫降之不勝任之人哉文正獨立自成一無依倚然其得志之後仍分餘祿置義莊以厚宗族其度量相越有非恒情所可幾也漢時將相大臣如灌如衛多冐他姓夏侯滕公初亦姓孫貴後乃改文正之事又何嫌於行已之大乎雖然處豐亨者境順處貧約者境逆富貴之子安飽不待求心思無所擾良師益友畢至其門琅函緗帙插籤

盈架較之寒士豈不易成頋迺便安逸樂若范氏之克世其家者絶少豈不重可惜哉

韓忠獻公億有八子綱綜絳繹維縝緯緬絳維縝位公府而行各有適絳適於同維適於正縝適於嚴億性方重治家嚴飭雖燕居未嘗有惰容每見諸路奏牘有擿拾官吏小過者輒不懌曰天下太平聖主之心雖昆蟲草木皆欲使之得所今仕者大則望爲公卿其下亦望京朝幕職奈何錮人於聖世及維爲門下侍郎御史張舜民以言事罷王巖叟救之折簡密約上官均語泄詔巖叟分析維曰臣下折簡聚談更相責望乃是相率爲善何害於理若苛索之懼於國事無益迺罷

録曰愚觀韓忠獻之言與袁邵公異世而同一轍也君子居官任職若不當臺諫銓衡之位或可辭其責耳苟當斯位而能以是存心非惟長國家之元氣抑且綿子孫之厚澤人何憚而不爲哉藉曰任己之心於無過中求有過無意中求有意獨不深思之曰絳同維正績嚴億方一父數子且不能盡同何况四海之廣盈廷之衆乎人惟存心平恕而顯世之德滋大君子其可忽諸

山陽徐積三歲喪父旦旦求之甚哀讀孝經輒涕淚不止事母朝夕冠帶定省應舉入都不忍舍其親不赴以父名石終身不用石器行遇石不踐或告之以難避曰吾豈故避之見自怵然

不敢加足爾母亡悲慟嘔血廬墓三年卧苫枕塊衰絰不去體常雪夜伏墓側哭不絶聲學士呂溱過其廬爲之泣下甘露歲降既終喪不輟筵几起居饋獻如平生元祐初薦爲楚州教授訓諸生曰諸君欲爲君子而不勞巳之力不費巳之財鄉人榮之父母欲之何不爲君子又曰言其所善行其所善思其所善如此而不爲君子者未之有也學者稱節孝先生

錄曰愚觀宋世重熙累洽而知節孝之所以爲君子也夫一人之孝出於天性或不能達之天下惟人皆勉於爲善則何患人人無君子之行哉推積之心於斯爲至若乃終身不用石器衰絰不去體終喪不輟几筵雖猶可勉而能然當今亦

罕見其儔矣

按古者三年之喪有俯就跂及之論葢虞用桑主練用栗主喪畢則奉主家廟以時祭奠不責人以終喪後起居饋獻如平生也羅遜除父喪猶布衣糲食李百藥親喪四五年容尚癯毀葢聚順之日人情視爲故常一至違養必忽忽若有所遺忌者不僅疾痛慘怛必呼父母卽幸而得志行道事無巨細輒爲逆憶親顏之一開杳不可得則撫桮棬而含悲對松楸而掩泣愈久愈痛寧忍一日忘之近見曠達之士每以素冠爲不祥易服爲恭敬方居喪而飲食居處未盡如禮輒曰毀不滅性以自解又安望其終喪以

後尚戀戀不釋哉朱文公母夫人諱日著繆盧布衫文中孺祖母嫁衣製一墨衰候翁姑私忌服此出慰君子有終身之喪其用心如此此禮將不可復邪

岳飛天性至孝父和母姚氏生時有大禽飛鳴室上因以爲名及長負氣節好左氏春秋孫吳兵法自北境紛擾母命以從戎報國輒不忍屢趣之不得已乃留妻養母獨從高宗渡河河北淪陷音問絕日夕求訪不可得俄有自母所來者寄言謝五郎勉事聖天子無以老媪爲念數遣人迎之阻於寇往返者十有八然後歸後有痼疾雖身服王事嘗以昏暮竊暇至親所嘗藥進餌語欬行履未嘗有聲每出師必嚴飭家人謹侍養及卒毀

幾滅性與男雲跣足扶櫬既葬廬墓所刻木爲像行温凊定省禮如生時五子雲雷霖震霆雲年十二從戰數立功軍中呼曰贏官人死時才二十三一女未及笄痛父兄寃抱銀瓶墜井死孝宗立追復原官並加褒贈

錄曰飛之一門而可少哉子夏曰事父母能竭其力事君能致其身飛於此言非但講習討論而能身體力行若此所謂雖曰未學吾必謂之學者雖然飛尚可得有如雲者且爲養子非有嚴師賢父之益女幼弱無識焉知殺身成仁之美語曰其身正不令而行於岳氏父子見之乎

徐應鑣試補太學生宋亡瀛國公入燕三學生皆從行應鑣不

欲乃與其子琦崧女元娘誓共焚子女皆喜從之太學故岳飛第有祠應鑣具酒祀飛曰天不祐宋社稷爲墟應鑣誓不與諸生俱北死已將魂魄累王作配神主與王英靈永永無斁琦亦賦詩自誓祭畢以酒餉諸僕俟其醉臥乃與其子女入梯雲樓積諸房書籍四周縱火自焚一小僕聞火聲起至樓穴牖視之見父子儼然坐立如廟塑像諸僕壞壁入應鑣不得死與其子女怏怏出倉卒莫知所之翌日得其屍祠前井中皆僵立瞠目如生後同舍生劉汝鈞收瘞之方家峪私謚正節先生

錄曰自宋德不綱士風殄瘁過者傷於激烈若陳東歐陽澈驀然而靡寧不及者淪於汙賤若三太學生靡然而可恥何

意巨翁父子出於其間乎夫殺身成仁君子之大節以鑣之素養琦與崧之素聞尚曰休戚未關而肉食之可諉也其女抑何爲者哉以其質則弱非有慷慨之量也以其年則幼非有歲寒之操也而乃甘心共斃可見秉彝之良不以幼弱而可忽當時賣國降敵之徒聞之能不自唾邪抑鑣之死告於岳飛其精神所契有素而一門忠孝寧無感發興起乎哉岳女之墜井將不徒然嗚呼可謂德不孤矣

按吾杭西湖勝地名賢祠宇星布而忠臣墟墓近而可攷者有三於宋則岳公忠武徐公忠節於明則于公忠肅並皆照耀湖山然兩少保身歿未幾而褒贈疊至庸夫孺子

咸知之惟巨翁當易代之秋不追他議歷元至明始獲建
祠賜額之典又其墓僻遠人跡罕到臥石馬於寒煙頹虹
梁於蔓草僅有白鶴蒼松青燐相弔而已嗚呼當伯顏入
臨安時上則帝與太后諸王下則宰執羣臣空庭北去絕
無有慷慨殉國之志者而巨翁不過一諸生其子曰琦曰
崧亦僅鄉貢士耳非有官守言責之比也而乃合志同心
始焚終溺至少女元娘婉孌弱質畧無瑟縮畏葸之態卒
從父兄以死苟非平日天經地義之大昭孚於心講求有
素烏能見義不回若是哉竊怪夫趙宋南北之季其忍心
負國反面事讎者恒在秉鈞擁節之大臣而疾風勁草感

奮特立者則在於士抑何壯哉夫以巨翁之績學醇正秉
志堅貞向使居得爲之位乘可爲之時成大業享鴻名豈
遂出古良臣下即不幸而遭百六厄陽九鼎鑊菹醢固甘
之其能爲兩少保之爲更可必也兩少保位居將相命由
君父巨翁之生死可以自由而竟與信國公同荷朱室三
百年養士之報此其大節可以映日星撼山嶽而登同庸
夫孺子之見以顯晦爲優絀者哉獨惜兩少保祠墓巍然
與兩峰爭峻而巨翁祠宇旣圮墓且荒蕪久將迷於所往
亟當起而表揚之俾與岳于二公廟貌鼎立爲三以扶千
秋之正氣是切有望於維持名教者

卷之二終

弘道錄卷之三

明刑部員外郎仁和邵經邦弘齋學

皇清詹事府少詹事四世孫遠平補案

夫婦之仁

孟子舜之爲天子也被袗衣鼓琴二女果若固有之

錄曰詩云琴瑟在御莫不靜好觀大舜氣象如此實所以開其先乎從古雍和倡隨之風不但天子爲然下而匹夫匹婦閨門之内莫不皆然至漢亦有房中辭樂高祖唐山夫人所作其後武帝用李延年爲恊律都尉更作新聲自誇其妹何恠其不古若邪

按史稱始皇浮江至湘山道遇大風問湘君何神博士以堯女舜妻對史遷遂謂舜巡狩終於蒼梧之野檀弓又有舜葬蒼梧二妃不能從之語意此時蒼梧尚在荒服未列版圖而舜既倦勤禹攝大政何嘗再舉巡行之典諸家附會不經明甚孟子曰舜卒於鳴條今山西解州是孟子在史遷之前其說當自有據且舜年百有十歲二妃耋降於三十徵庸之日則亦皆百歲人矣安能遠涉萬里洒泣湘鈎邪山海經注洞庭之山帝之二女居焉謂天帝二女庶幾近之路史又謂舜女宵明燭光以母癸比氏隨商均就封故今巴陵有癸比氏墓其說亦誕要之湘江之神必非

舜妃猶黔粤間蠻戰用象故祀象王曰有鼻而括地志宋類苑皆云舜葬九嶷象來至此後人立祠名鼻亭神窮崖絶徼非人跡可到豈非傳聞之誤哉

昔者太王好色愛厥妃詩云古公亶父來朝走馬率西水滸至於岐下爰及姜女聿來胥宇當是時也內無怨女外無曠夫王如好色與百姓同之於王何有

錄曰男子生而願爲之有室女子生而願爲之有家聖人未嘗斷色也內無怨女外無曠夫色亦非盡禍人也王之好色不當如是邪人惟昧此往往艷色冶容驕妬淫逸遂使天然之性反爲人欲之叢非聖王好色本意也

按中庸言君子之道造端乎夫婦及其至也察乎天地葢天地一大夫婦夫婦一小天地也故軒轅妃嫘祖有虞嬪皇英以至塗山翼夏有莘贊商在聖人皆須聖配而况其下焉者乎卽以常人之家言之婦而賢則雍和肅穆而内外咸理婦而不賢則誶語交讁而神人胥恫夫子曰未見好德如好色子夏曰賢賢易色皆明其所重在德配而非以色升也註云四者皆人倫之大而始又曰賢人之賢則與交友重見叠出豈不自相矛盾邪後世不探本源惟徇勢利如立后必從懿親倘主必拘門第馴至牝雞之晨惟家之索職此由耳沿及末流士夫以昏姻爲市不妨魯莊

之待年豪富以攀躋爲榮何嫌鄭忽之齊大其弊也家室未必和翁姑未必得徒取耀目前而錯其配偶究之其何能淑哉

詩大雅摯仲氏任自彼殷商來嫁于周曰嬪于京乃及王季維德之行大任有身生此文王

錄曰此詩之美太任也傳云國家將興必有禎祥是時殷之適嗣方主天位未見危亾之形而天立厥配周姜太任太姒邑姜休和福慶萃集一門自古后妃繼美未有若斯之盛者安得不勃然興也然則太王王季文武豈敢自必哉亦惟曰明明在下而已

周南關關雎鳩在河之洲窈窕淑女君子好逑參差荇菜左右流之窈窕淑女寤寐求之求之不得寤寐思服悠哉悠哉輾轉反側參差荇菜左右采之窈窕淑女琴瑟友之參差荇菜左右芼之窈窕淑女琴瑟友之

錄曰此詩之美太姒也匡衡曰太上者民之父母后夫人之行不侔乎天地則無以奉神靈之統而理萬化之宜三代典廢未有不由此者孔子曰關雎樂而不淫又曰關雎之亂洋洋乎盈耳又曰人而不爲周南召南其猶正牆面而立其於關雎之詩何拳拳若是乎誠以聖賢之道篤於近帝王之治本諸身其盡善盡美內外咸備未有若文王太姒者也是故

堯二女聖矣不告而娶則雖有輾轉反側之情無由而見禹塗山賢矣辛壬癸甲至三過其門而不入則雖有琴瑟鐘鼓之樂何自而伸且吾夫子大聖之門尙有出妻之憾寧不重有感於此哉

按家語後序自叔梁紇始出妻及伯魚子思皆然故稱孔氏三出又檀弓門人問子思有子之先君子喪出母乎之語則是夫子亦嘗有是矣考夫子十九歲而娶宋开官氏明年生子榮君賜而名鯉者开官氏也六十六歲卒者开官氏也至今尊爲聖配崇祀廟庭者开官氏也未聞夫子有更娶之事也若曰出妻可從祀乎其期而不必哭者父

在爲母齊期非分母與出母也至伯魚五十而卒有夫子之教化伯魚之刑于子思方在乳哺胡爲舍子而更嫁於衞邪且柳若之問子思之答明曰哭庶氏之母奚爲於孔氏之廟故有有財無財之說而誤云子思之母巳嫁故謂之庶嗚呼冤矣觀伯魚子思之母未嘗出則子上之母可不辯自明者蓋檀弓一書多記變禮之由每多引聖以証巳說是以誣僞牴牾若此

南有樛木葛藟纍之樂只君子福履綏之南有樛木葛藟荒之樂只君子福履將之南有樛木葛藟縈之樂只君子福履成之

錄曰愚觀葛藟之詠后妃能逮下而有得於作者之不費辭

也夫葛之覃兮后妃之事也以后妃之所事而爲衆妾之所稱豈待思而後得邪瓜苦栗薪周公之所不廢則樛木葛藟宮人安得而忽之哉可見古人之學非待外求雖婦人女子與大聖大賢同一轍也豈非自得者與

按東漢梁后云陽以博施爲德陰以不專爲義無如婦人常性入宮見嫉或工讒以固寵或爭妍以邀歡至於正嫡尤恃分尊名順獨制閨幃專房絕席不肯循日御貫魚之禮甚者刻剝肌膚酷刑虐使此上有樛木下有嘒星古今不多見則以暱乎情止乎禮義者之難也夫欲天下長治久安必在信任親賢而親賢之多必在后妃仁而子嗣廣

若后不能以仁逮下無論懿親寡少難恃即有嫡嗣亦必禍心鍥薄烏能擴大公之量以保我子孫黎民哉周家積德累仁不特太王祖孫繼聖即聖配連有四世所以嗣徽音而百斯男非偶然也

桃之夭夭灼灼其華之子于歸宜其室家桃之夭夭有蕡其實之子于歸宜其家室桃之夭夭其葉蓁蓁之子于歸宜其家人

錄曰孟子之稱太王曰內無怨女外無曠夫詩人之咏文王曰之子于歸宜其家人豈非以王者之道造端乎夫婦邪夫及時而美盛者莫如桃夭其新而孔嘉者莫如男女於此可以見對時之懋焉可以見發育之情焉可以見萬民之樂焉

可以見和氣之充焉文王之化自家而國猗與盛矣
采采芣苢薄言采之采采芣苢薄言有之采采芣苢薄言掇之
采采芣苢薄言捋之采采芣苢薄言袺之采采芣苢薄言襭之
錄曰婦人安所得而無事乎遵彼汝墳勤王事也魴魚頳尾事亂邦也厭浥行露防侵陵也雀角鼠牙懼强暴也頃筐塈之時不可失也使尨也吠戸不可警也然則化行俗美家室和平不於采采芣苢之相樂見之乎

按古者娶妻以供祭祀爲重詩曰采蘩采蘋言公侯大夫妻之能奉厥職也禮君牽牲則夫人奠盎君獻尸則夫人薦豆舉凡祭祀俱君與夫人主之卽卿大夫士庶家亦必

男婦共祭秦漢而後此禮漸廢所以后宮不設齋戒命婦不習威儀將對越神明而外潔其體內潔其心者既無享祀不忒之誼祗奉宗廟而僾然如見愾然如聞者亦無夙夜在公之誠子婦之道謂何矣近世知禮之家每當歲時大祭主婦並同齋宿而俎豆必躬親馨香必手庀至期奠薦一如古禮於以妥考妣之靈而協幽明之理庶與詩言有合此禮不可不亟講也

大雅蹶父孔武靡國不到為韓姞相攸莫如韓樂孔樂韓土川澤訏訏魴鱮甫甫麀鹿噳噳有熊有羆有貓有虎慶既令居韓姞燕譽

錄曰韓侯之事無可考然觀君子偕老副笄六珈可以爲燕矣而中冓之言不可以爲譽大夫夙退無使君勞可以爲慶矣而終風且暴未足以爲令此慶既令居韓姞燕譽君子以是歸德焉

按格物論熊大似豕蒼色性輕健能攀援上高樹見人則顛倒自投地下攫而噬之此以柔食人者也埤雅云羆似熊而大黃白文長首高足能緣能立虎豹見之而瞑性嗜抉人心膽此以剛食人者也故獸之稱勇力者莫如熊羆而獨受制於犬犬弱而捷巧於乘强若以數犬而逐一熊羆顧左則右逐前則後行不數里氣敗而伏群犬直前搤

嗾之立見其斃爾夫世之負大力而始終不至於顛踣者其所與敵皆可以絜短長較勝負者也苟遇非敵手此以其直彼以其巧此以其獨彼以其衆此亦勢之無如何者也至虎狀類貓秉陽之精夜視一目放光一目看物其光墜於地便成白石淮南子曰虎嘯而谷風生蓋風木也虎金也木受金制故嘯則風從也善以爪圻地觀奇偶而行又能畫地卜食爲百獸之至靈不蹈穽檻不入淺草今之獵人擔載而至者非虎也貓爾眞虎不可得一吼而人皆辟易棄弓矢者也亦猶龍之爲物性在淵泉不欲近人人亦不敢與之近古之所謂豢龍御龍豈得謂之眞龍哉然

則天下之以小噉大以似爲眞者比比而是正不獨能羆貓虎爲然矣

左傳懿氏卜妻敬仲其妻占之曰吉是謂鳳凰于飛和鳴鏘鏘有嬀之後將育于姜五世其昌並于正卿八世之後莫之與京

錄曰咸恆之彖曰咸者感也恆者久也夫婦之道惟感而後有恆此卽和鳴鏘鏘五世其昌者乎若乃婆娑鼓舞無冬無夏以至株林夏南極矣所謂不恆其德或承之羞者此陳國之所以亾而敬仲之所由興與蓋不待懿氏之占而可知又奚俟周史之筮而後見哉

按武王封虞閼父之子滿于陳以元女大姬妻之此昌後

之所始也敬仲爲厲公少子當御寇見殺羇旅奔齊觀其辭官謗而止夜飲君子曰酒以成禮弗納於淫仁也當是時上卿則有高國才則管鮑甯成在焉仲無可効能下則開方豎刁諸徒仲亦不屑與合故不居高位以安其身不爲卜夜以附於正其光遠而自他有耀所以占之協吉耳豈料後世子孫豆區釜鍾陰移齊祚致有嬀氏獨後陳而亾哉

趙衰居晉時娶文公女曰趙姬生原同屏括樓嬰及從文公伐廧咎如獲其二女叔隗季隗文公取季隗而以叔隗妻衰生盾文公反國趙姬請逆盾與其母衰辭姬曰得寵而忘舊何以使

人必逆之固請許之來以盾爲才請於公立爲適子而使其三子下之以叔隗爲内子而巳下之

錄曰趙姬賢於人數等矣有容人之度有下人之德有知人之明妬則不容驕則不下溺則不明婦人之常情也况以公女之貴外妾之賤嫡子之衆庶孼之微乎其曰得寵忘舊何以使人眞能知糟糠之誼不僅葑菲之是求也又以盾爲才固請爲嫡眞能割肌膚之愛不但涇渭之是辨也卒之繼成秉政媲美公族孰謂婦人而能不避親乎及原屏謀亂同括被誅而下宮難作趙氏之澤幾斬幸盾孫武立而後閲數傳三分晉室其所關豈眇小哉

列女傳衛宗二順者衛靈王之夫人及其傅妾也夫人無子謂傅妾曰孺子養我甚謹子奉祀而妾事我我不聊也且吾聞主君之母不妾事人今我無子於禮斥絀之人也而得留以盡其節幸也願出居外以時相見傅妾泣曰夫人欲使靈氏受三不祥邪事君不終一也夫人無子而婢妾有子二也夫人欲出居外使婢子反居內三也退而謂其子曰吾聞君子處順奉上下之儀修古先之禮此順道也今夫人難我將欲居外此逆道也處逆而生豈若守順而死欲自殺夫人懼許留終養

錄曰夫人無子而傅妾有子固無害其爲嫡也而何有於分別又何有於內外乎若是則子固不可無而嫡或可損乎秦

俗尊華陽廢芊后若傲草菅豈其時固然邪抑孝成廢許后立飛燕班姬求外供養長信宮向故爲此諷言邪不然徒滋後世奪嫡立愛之厲階雖不傳可也錄以存疑義云

漢書陳平少時家貧爲人長大美色及長可取婦富人莫與者貧者平亦愧之久之戶牖富人張負有女孫謂其子仲曰吾欲以予陳平仲曰平貧不事事獨奈何予之負曰固有美如陳平長貧者乎卒與女因平貧負假貸幣帛爲聘予酒肉之資使以內婦仍戒其女孫曰毋以貧故事人不謹事兄伯如事乃父事嫂如事乃母平既取張女而後資用始饒游道日廣

錄曰當秦俗偷薄之餘而有富人張負之見可謂識英豪之

具眼矣夫以一鉏耰而尙吝何况有女如玉乎一箕帚而尙誇何况有幣如泉乎大漢肇興旣有呂公之女章美於前更有張負之孫揚聲於後且能不以富盛驕人卒之婦道益修夫德益進所謂中饋貞吉者矣不可以爲仁乎

按婚姻之家動稱門戶相若止以貴賤貧富爲衡耳然有勢位之貴有道德之貴有貲財之富有抱負之富如所謂以賢配賢以德配德則未有能一及之者也道德之貴固不羨乎勢位乃貲財之富每輕視乎抱負據其目前逆之異日望望焉惟恐委掌珠於溝壑故山野之夫終身難謀一婦而攀緣齊大塡戶戔修恐不得當則豈無始終遞變

先後互移昔㢊廈而今華屋前鹿車而後驄馬者乎平愧娶貧女而富人亦莫與之倘無張負之知平將終身不娶倘盡如平意貧女將必不可得賢夫平號智者而不能破世俗之見何戶牖富人之不若耶

宣帝初爲皇曾孫遭巫蠱事養于掖庭許廣漢爲暴室嗇夫因與同寺居時掖庭令張賀本衞太子家吏以舊恩甚厚廣漢有女字平君年十四五卜當大貴賀請適皇曾孫一歲生元帝及宣帝卽位立許氏爲婕妤時霍光有小女與皇太后親在廷議立后皆心擬霍女亦未敢有言者上乃詔求微時故劍大臣知指白立許婕妤爲皇后

錄曰霍氏之禍其諸萌於此與夫機之所動甚微而所關甚大芻人皆心擬而光獨不自擬帝豈不知人心所竊擬與其求劍有自來矣及乎少夫之進帝將思之已熟其不言指非不言也向之指可露今之指難明也光弗署衍帝可恕光乎史氏不察以爲萌於驂乘縱然薄乎爾矣

按與同患難貴而下之中材之所不爲況后母儀天下事無有大於此者帝何不明詔羣臣以許氏蚤配朕躬久執劬若允當正位中宮光茲大典於序則順於理則宜卽羣臣有言光女亦當昌言大將軍兩世夾輔禮絕百僚子孫與國同休不必以戚里爲重俾光曉然於禮之正事之常

而不以是爲嫌則妻顯邪謀或亦因斯沮息矣計不出此而托意他端匿情示指彼以爲囁嚅而不敢也而遂肆行其毒卒之許后卤終霍氏族滅君臣夫婦之閒皆不能保全差於毫釐之一念而釀成滔天之大惡隱忍之於明決相去不誠天淵哉

明帝永平三年有司奏立長秋宫皇太后曰馬貴人德冠後宫遂立爲后后能誦易好讀春秋楚辭尤善周官董仲舒書旣正位愈自謙肅常衣大練帬不加緣帝幸苑囿離宫后輒以風邪露霧爲戒是以遊娛之事希嘗從焉時楚獄連年不斷坐繫者甚衆后慮其濫乘閒惻然言之帝感悟夜起彷徨爲思所納卒

多降宥及肅宗即位尊爲皇太后常與帝旦夕言道政事及教授諸王論議經書述敘平生雍和終日曰吾少壯時但慕竹帛志不顧命今雖已老而復戒之在得故日夜惕厲思自降損居不求安食不念飽冀秉此道以不負先帝

錄曰馬后之謚爲明德也宜哉夫女陰之體也柔之質也故多尙侈務得好樂喜施厭肥飽粱安居宴逸此其常也而况貴爲母后乃益務勤儉如衣大練置蠶宮卻遊娛諫楚獄絕外恩拒禱祀皆非虛名貌飾而眞德實意流布於二十三年之間不可殫述后蓋不以陰體自居柔質自累而所慕在乎竹帛則所志幾於聖賢矣信乎兩漢之間無能及也

按后躬行節儉矣而兄廖猶慮美業難終引半額全帛之謠爲深戒廖能勸成德政矣而子弟驕奢無度不能教勅自違楊終之規豈厚於責人薄於待巳邪抑亦見愼終於始之難也夫鄧后謹矣而貪戀權位梁后賢矣而縱容外家以至竇氏利立幼昏何氏升用兄進竟召外兵卒亾漢室使如馬后鑒西京之轍不關政事馬廖辭外戚之封不處樞機則型範甚邇豈不於前有光哉而並不能自克是以東京戚族齊德並賢不得不推馬氏爲冠也

宋弘爲大司空時湖陽公主新寡光武與共論朝臣微觀其意主曰宋公威容德器羣臣莫及帝曰方且圖之後弘被引見帝

令主坐屏後因謂弘曰諺言貴易交富易妻人情乎弘曰臣聞貧賤之交不可忘糟糠之妻不下堂帝顧謂主曰事不諧矣

錄曰此郭后將廢之漸也夫仕宦當作執金吾娶妻當得陰麗華帝之自言如此所謂貴易交富易妻也弘又向以不附董賢抵罪其得於庭訓有素矣況能止繁聲卻好色著於朝廷者帝獨不聞乎何爲其發言之謬也雖然帝不足論爲湖陽者竟恐聞於鄰國傳之史册乎

唐書文德皇后長孫氏性仁孝儉素嘗與帝從容商畧古事因而獻替裨益弘多及疾篤與上訣時房玄齡以譴歸第后曰房君事上久小心愼密苟無大故勿棄之仍願陛下親君子遠小

人納忠諫屏讒慝省徭役止游畋妾雖沒九泉誠無所憾嘗采自古婦事得失爲女則三十卷上覽之示近臣曰皇后此書足以垂範百世今朕非不知天命而爲無益之悲但入宮不聞規諫之言失一良佐故不能忘懷爾及葬昭陵上念后不已乃于苑中作層觀以望昭陵

錄曰九人治外邑姜治內陰教之益誠非細故也惜唐太宗非武王之比豈其巢剌王妃未立曹王子明未封惟恐規諫之言不聞故昭陵之望愜切乎至才人武氏入宮之後將不如是拳拳矣

按三代而下帝后莫善於宋莫不善於唐宋曹高向孟世

濟其美唐武韋楊張世播其惡推原所來由太宗貽謀不
臧始也何也弟妻可寵則父之才人何不可立父之才人
可立則子之婦又何不可冊唐室之禍起於武極於楊而
明皇之納楊高宗之召武實皆鑒於太宗之已事雖帝範
十二諄複訓戒彼固法行而不法言寧知其後摘瓜竊宗
甚至唐易爲周帝奔于蜀乎假使太宗克正人倫屏斥明
母則雖納武氏高宗自不敢再立爲后明皇亦不敢奪取
子婦而亂萌無自生矣嗟乎有唐宫闈之失其機在於長
孫后之早亾倘得此良佐與帝偕老終始盡規則子明之
母焉得寵都督之女何自入乎一人存殁所繫國運之重

如此若帝之所悲徒作無益爾
太宗謂尉遲敬德曰朕欲以女妻卿何如敬德叩頭謝曰臣妻雖鄙陋相與共貧賤久矣臣誠不學聞古人不以富貴而易其妻此臣願也上乃止

錄曰敬德剽悍之將也豈其於風人之旨有所聞乎縞衣綦巾似非奪矟之快而副笄六珈益表委質之親矧若杜荷房遺愛薛萬徹柴令武紛紛尚主安所不可而傾卻之卻之何意也知足不辱非但思患預防而已此加於房杜數等卒以晩節益修優游自得獨全恩禮君臣之間善始令終無一毫之猜忌豈不美哉嗚呼閨門之際可謂仁矣

臨安志吳越恭懿太夫人吳氏名漢月錢塘人性婉淑慈惠奉文穆王元瓘而生俶居常節儉惟衣布練每聞決重刑常顰蹙以仁恕爲言諸吳有遷授者皆峻阻之入見多加訓飭有過必面責之故終夫人之世無驕忿者

忠懿王妃孫氏名太眞亦錢塘人性端重每延接姻親洎諸宗屬皆曲盡恩禮好讀書通毛詩魯論義尚儉約非受恭謁宴會未嘗盛飾俶之征毘陵也妃居國城遣內侍撫問諸將及從征將帥之家中外禀畏如奉王焉

錄曰史稱錢氏之始終非有德澤施於一方百年之內虐用其人而其子孫繁衍迄今綿延不絕較之五代何止霄壤蓋

其閨門伉儷之賢有以培養元氣此表微者所以錄之也

宋史仁宗慈聖光獻曹皇后明道二年聘入宮景祐元年册爲后熙寧元年尊爲太皇太后性慈愛每神宗退朝稍晚必自至屏扆候矚間親持膳飲以食帝帝常有意於燕薊已與大臣定議乃詣慶壽宫白其事后曰儲蓄賜予備乎鎧仗士卒精乎帝曰固已辦之后曰吉凶悔吝生乎動得之不過南面受賀而已萬一不諧則生靈所繫未易以言苟可取之太祖太宗收復久矣何待今日帝曰敢不受教蘇軾以詩得罪下獄人以爲必死后違豫中聞之謂帝曰嘗憶仁宗以制科得軾兄弟喜曰吾爲子孫得兩宰相今聞軾以作詩繫獄得非仇人中傷之乎捃至

於詩其過微矣不可以寃濫致傷中和軾由此得免

錄曰曹后之謚爲光獻也宜哉其明達國體眞帝王之度而燕薊之論尤可爲萬世法厥後王韶熙河之役种諤綏州之迎紛紛兵革塗毒邊陲王安石李憲之罪上通於天而慈聖長老仙逝地下卒不免如所慮其有關於天下國家治亂安危者不小至憐才一事猶不能不爲於邑軾也何其幸哉他日哭之失聲亦爲晚矣

英宗宣仁聖烈高皇后父遵甫母曹氏光獻太后姊也自少往來內禁時英宗方育宮中與后年同仁宗謂光獻異日必以爲配既長遂昏濮邸生神宗治平二年冊爲后神宗尊爲皇太后

哲宗尊爲太皇太后臨朝聽政首驛召司馬光呂公著未至遣使迎問今日設施所宜先又起文彥博於旣老遣使勞諸途諭以力行祖宗故事光等至並命同心輔政凡熙寧以來政事弗便者次第罷之於是以常平舊式改靑苗以嘉祐差役參募役除市易之法逭茶鹽之禁舉邊砦不毛之地以賜西戎而宇內復安契丹戒其邊吏勿復生事曰南朝盡行仁宗之政矣及廷臣請受冊寶于文德殿后曰母后當陽非國家美事況天子正衙豈所當御就崇政足矣又以官冗當汰詔損外氏恩四之一爲宮掖先臨政九年朝廷淸明稱爲女中堯舜

錄曰堯舜聖人之至可以加之女后乎蓋堯舜之道中而已

矣當時之君太過者急於勵精不及者靡於紹述孰不以堯舜自期然而未敢許也以一母后實能惠養元黎仁而不失之柔力行故事斷而不過乎剛至於新法之罷閭閻小民若去塗炭而就衽席羣小之黜朝廷者舊若披雲霧而睹青天使繼體之君世世由之則堯舜之澤垂於無窮宋之元氣爲不衰矣惜乎祉飯未終國事全改羣凶得志而堯舜亦無如之何矣豈非世不常有者邪

神宗欽聖憲肅向皇后治平三年歸穎邸穎王即位立爲后哲宗尊爲皇太后宣仁命葺慶壽故宮以居辭曰安有姑居西而婦處東瀆上下之分族黨有援例以恩換閤職及爲選人求京

秩者后曰吾族未省用此例何庸以私撓公一不與及哲宗倉卒晏駕獨决大策徽宗立請權聽政后以長君辭帝泣拜移時乃許凡紹聖元符以還所斥逐賢士大夫稍稍收用之故事有如御正殿避家諱立誕節之類皆不用至聞賓召故老寬徭息兵愛民崇儉之舉則喜見顔色纔六月卽還政

錄曰趙宋一代而有四后媲美增光簡冊觀其懿德之最莫不以賓召故老褒錄賢士爲首務而抑奪私恩損己愛民爲常法迄今鮮有其儷嗚呼可謂仁矣

哲宗昭慈聖獻孟皇后宣仁太后選入宮立以爲后宣仁崩章惇誣謗宣仁與后又陰附劉賢妃遂與郝隨搆獄歷崇寧靖康

金人陷京城時六宮有位號者皆北遷后以廢獨存張邦昌尊爲宋太后迎居延福宮受百官朝垂簾聽政及聞康王在濟后遣尚書丞馮澥李回及兄子忠厚持書奉迎命都指揮郭仲荀將所部扈衞又命御營前軍統制張俊逆於道王至南京復遣宗室士㒟賫圭寶乘輿服御奉康王即位尊后爲元祐太后迎歸行在終老而崩初后受冊日宣仁嘆曰斯人賢淑惜福未厚異日國有事變必此人當之後皆如所云

錄曰愚觀光獻宣仁欽聖之爲后也若春風和氣優游於不識不知之天而昭慈孟后有如秋霜露日濯而復光晦而復明者然皆不失坤慈之則陰教之理固可以見祖宗積德之

慶然亦豈非羣后率德之宜也乎

按蘇軾論君甍太子未生生而弱未能君則先君之弟若兄弟之子當立者奉爲攝主子生而男則攝主讓子生而女則攝主立而引曾子問孔子之言及周公魯隱公季康子居攝之事爲證誠古今不易之道也公父文伯之母如季氏外朝內朝皆不敢言而惟言之寢門之內况嗣天子長矣而猶女主當陽臨百官兆民之上豈先王之令典哉宋朝家法遠過漢唐而曹高向孟尚未免蹈襲馬鄧故事則後人習見母后之攝而不知其非也雖然神捂之際世旣漸趍厄會小人進用制度紛更苟非諸賢后迭相維持

救其闕失則播遷之禍能待宣和靖康時哉元祐太后事起倉卒尤不可以平時相例天命人心一綫所繫雖運必中興而京城不至再罹瘡痍較之靈武旋駕尤易非后之力不至此總之四后用人行政並無纖過爲諸帝所不及况謙退之素出自中誠與貪勢固位者實相逕庭然而卒不可訓者婦德難恃也

孫復隱居泰山年四十不娶故相李廸守兗見之歎曰先生獨居無偶誰事左右不幸風雨侵尋旦暮飲食疾病不時奈何吾弟之女可以奉箕帚復固辭其友石介請曰公卿不下士久矣今丞相不以先生貧賤欲托以子宜因以成丞相之賢遂娶焉

李亦甘淡泊事其夫曲盡婦人莫不賢之

錄曰愚觀孫明復之事而嘆李文定之不可及也夫觀化一方固當以士行爲最習俗爲先其妻復也不但以貴下賤成一人之美而實懲人無後崇大化之源且以正薄俗之澆漓全處士之高蹈厥後明復說書邇英不負所舉李亦安貧守禮無忝所天皆可爲後世法也

按擇配必取賢德非但男之於女即女之於男亦宜無不如是世人娶婦以色至擇壻者徒慕富貴即中葉所謂門第相高用爲譏議者并無其風觀文定之事可以興矣夫相家女不妻公侯貴戚而乃嫁山谷衰老藜藿不充之人

此其識見萬倍尋常雖然女亦非恒人也假使身珠綺而口肥甘不慣樸素則北門有謫誶語失歡明復何由終遂其高哉文定亦必量德之相當而作之合不尤其伯不怨厥天其漸靡乎大家風範有素矣

劉庭式未第時議取鄉人之女及登進士女以病喪明或勸納其幼女庭式曰吾心巳許之豈可負初心哉卒娶之生數子後妻死庭式通判密州逾年不復娶時蘇軾爲守問曰哀生於愛愛生於色今君愛何從生哀何從出庭式曰吾知喪吾妻而巳若緣色而生愛緣愛而生哀色衰愛弛吾哀亦亾則凡揚袂倚市目挑而心招者皆可以爲妻乎軾深善其言

錄曰妻者齊也孔子曰戒之在色又曰吾未見好德如好色聖人之意正恐緣色生愛流於淫僻將以防禍亂節逸欲也詩不云乎雖則如雲匪我思存縞衣綦巾聊樂我員若庭式者可謂能好德而不爲物欲所移矣進於孔門乃所嘉許豈但軾之深善已哉

周行巳字恭叔早年登科未三十受學伊川持身嚴苦塊然一室未嘗窺牖幼議母黨之女後女忽雙瞽遂娶焉愛過常人伊川曰頤未三十時亦做不得此事

錄曰伊川之嘆美深有反巳自克之意與人爲善之心若眉山者未免狥乎情鄰乎薄矣此洛蜀之所由分又豈但哭則

不歌歌則不哭已哉

呂蕡舉進士聘里中女未行既中第婦家言曰吾女故無疾既聘而後盲蕡曰君不爲欺又何辭焉遂娶之生六子其五登科一即丞相大防也蕡官至比部郎中

錄曰愚觀七出之條無所謂盲者則固無害於可妻也至論惡疾無子亦有所不忍焉蓋閨門之中恩勝於義其人故無疾一旦有之雖聖莫能保也其情爲伉儷孤而棄之雖愚莫能問也先王之權制豈誠不思哉思之則必有以善全之矣

按家語有出妻之條春秋著大歸之義如所謂不順淫妬竊盜皆悖德也其出之宜也若夫多口舌謂其間親亦微

過耳至於無子無以承宗祀惡疾難與共粢盛所關似大然此天實爲之於婦道未有乖也且世有無子而善撫他室子如已出者至今賢母之名流輝彤管其又何以稱焉若不幸而有惡疾在漠不相關者猶憐之矧以伉儷之好而忍棄之如遺邪先王原人情而著訓則其所以順男女之際者當必有至當不易之道而家語一書非朱子所恨不見之古文眞本明矣

弘道錄卷之三終

弓道鈔

名人三

三

弘道錄卷之四

明刑部員外郎仁和邵經邦弘齋學

皇清詹事府少詹事四世孫遠平補案

昆弟之仁

左傳高陽氏有才子八人齊聖廣淵明允篤誠天下謂之八愷高辛氏有才子八人忠肅共懿宣慈惠和天下謂之八元此十六族世濟其美不隕其名以至於堯堯不能舉舜臣堯舉八愷使主后土以揆百事莫不時序地平天成舉八元使布五教于四方父義母慈兄友弟恭子孝內平外成

錄曰通鑑前編云謂之氏者猶言朝代也謂此二朝有此十

六人又謂之十六族而非一母四乳如周有八士之類也或
者不知以爲二帝之子則高陽八子何其壽而高辛之八子
豈皆堯之庶弟與大抵荒遠之事君子闕疑可耳
按路史稱蒼舒伯益檮演大臨麗江霆堅中容叔達爲八
凱劉敬叔異苑稱伯奮仲堪叔獻季仲伯虎仲熊叔豹季
貍爲八元與本傳異夫曰世濟其美則此十六族原非一
代之才一姓之人可知而八元伯仲叔季鴈行不少紊亂
似屬穿鑿寶櫝記謂之八神又曰八英八力皆比類而加
之名亦猶東漢之顧廚俊及特非自相標榜者爾至言堯
不能舉或不皆盡舉夫豈久抑人材之謂哉況八愷地平

天成亦豈悉爲禹佐八元布五教于四方豈皆爲摯之屬
與國語言少典娶有蟜氏生黄帝炎帝則一母之子矣而
帝王世紀謂炎帝母女登黄帝母附寶且炎帝後尚有帝
承以下七世至榆罔而後黄帝繼焉抑何年世相去之遠
也書之不可盡信大槩如是

孟子仁人之於弟也不藏怒焉不宿怨焉親愛之而已矣
錄曰鄭莊之於叔段所謂藏怒者也晉獻之於桓莊所謂宿
怨者也不惟藏怒而且誓母于城潁焉不惟宿怨而且詛無
畜羣公子焉中庸曰兄弟旣翕和樂且耽卽曰父母其順矣
乎然則不能親愛傲弟又烏能格頑嚚之父母哉

詩大雅帝作邦作對自太伯王季維此王季因心則友則友其兄則篤其慶載錫之光受祿無喪奄有四方

錄曰孔子言太伯可謂至德三以天下讓民無得而稱焉范甯曰太者善大之稱伯者長也朱子曰其遜隱微無迹可見也今觀詩人之辭知王季之所以友其兄者乃因其心之自然而不由於勉强然則太伯之所以讓其弟者又非因其心之自然而有待於勉强乎如此則人何得而見亦何得而稱無俟隱微之一言而自明矣

按自古謂昌有聖瑞古公欲立季以傳昌其說不知何據觀太王當日初無舍長立幼之心卽太伯仲雍亦非迎合

父意而故爲採藥以晦其跡也且王季之所以友其兄者
因心自然無待勉强豈有意嗣位而與其兄以讓德之光
乎今讀皇矣八章一歸於上帝監觀求民之莫故於太王
曰帝遷曰帝省曰帝作於王季曰帝度曰帝祉於文王曰
帝謂則是西顧之眷實天心之所屬太王不能有私意於
其間也太王旣無立季之意又豈得有翦商之心哉
小雅蓼彼蕭斯零露泥泥旣見君子孔燕豈弟宜兄宜弟令德
壽豈
秩秩斯干幽幽南山如竹苞矣如松茂矣兄及弟矣式相好矣
無相猶矣

錄曰二詩措辭切中漢七國之弊觀淮南好客楚元設醴何莫非孔燕也然無豈弟之德故終鮮樂壽之休厥後鑄山煮海招亾納叛所謀紛紜疊出祇自速其斃而已又豈但繼世而立多猜忌之間已哉

史記伯夷叔齊孤竹君之二子父欲立叔齊父卒叔齊讓伯夷伯夷曰父命也遂逃去叔齊亦不立而逃之國人立其中子

錄曰或問夷齊之讓國後世何以皆不及乎曰事之無始於前者理則從天而出從地而生未有不善也有始於前者後必以人間之以意踵之萬有不齊也是故夷齊之於父命因事以制義而無心以博後世之名後人之於兄弟假義以興

事而有意以掠古人之美此其所以異而召亂亦在其中矣
周書武王有疾弗豫周公爲壇于南方植璧秉珪告于太王王
季文王史乃祝冊曰惟爾元孫某遘厲虐疾若爾三王是有丕
子之責于天以旦代某之身乃卜三龜一習吉啟籥見書乃并
是吉公曰體王其罔害公乃納冊于金縢之匱中王翼日乃瘳
武王既喪管叔及其羣弟流言于國曰公將不利于孺子周公
居東二年罪人斯得公乃爲詩以貽王曰鴟鴞鴟鴞既取我子
無毀我室恩斯勤斯鬻子之閔斯迨天之未陰雨徹彼桑土綢
繆牖戶今女下民或敢侮予予手拮据予所捋荼予所蓄租予
口卒瘏曰予未有室家予羽譙譙予尾翛翛予室翹翹風雨所

漂搖予維音嘵嘵

錄曰王與叔雖有君臣之分公以手足視之本皆同也王疾則代叔誅則恐有以異乎夫遘厲之與搆亂雖殊其動搖王室則一也是故丕子豫則民罔不祇鬻子迪則民罔不侮然則植璧秉珪與破斧缺斨聖人寧有異心哉其哀我人斯易地則皆然也其曰貽者流傳致遠之稱流言之起茫眛無根夫苟默而不言王室忽然有難誰其知之又誰其使之仁者固如是乎今觀其辭不迫切而意已獨至聽者豈不知鴟鴞之惡不可逭而拮据之苦爲可信哉此其感人之深何等忠誠懇到其於屬辭比事之間眞如風之動物然則天之雷電

以風豈無所由而致之乎

按尚書本註方流言之初未知何所自起二年之後始知流言之卽出管蔡曰罪人斯得者葢是時三叔武庚已叛公又作詩貽王王之疑公漸已釋去旋感風雷之變載啓金縢之書於是豁然大悟親迎公歸命往征之前後凡六年事乃漢孔氏謂居東卽是東征豈有王方疑公公遽興兵討之將請命而往乎抑不請而擅誅之也故蔡氏註辨之甚悉苐詩註猶仍孔氏之見讀者詳之

左傳晉以驪姬之難詛無畜羣公子自是晉無公族及成公立乃宦卿之適而爲之田以爲公族又宦其餘子爲餘子其庶子

爲公行晉於是有公族餘子公行至是趙盾請以括爲公族曰君姬氏之愛子也微君姬氏則臣隗種也公許之以盾爲旄車之族使屏季以其故族爲公族大夫

錄曰趙宣子之請族其有感於姬之請嫡乎雖然宣嫡而趙族世括族而趙嫡亾然則旄車安在哉公族安在哉是以君子貴乎有子也

韓獻子告老將立公族穆子穆子有廢疾辭曰詩云弗躬弗親庶民弗信無忌不才請立起也起與田蘇游而稱好仁詩云靖共爾位好是正直神之聽之介爾景福恤民爲德正直爲正參和爲仁如是則神聽之介福降之立之不亦可乎使宣子朝遂

老晉侯謂韓無忌仁使掌公族爲公族大夫

錄曰韓與趙三晉之巨擘也故獻子不背趙孟以爲知義起與盾巨室之大木也故無忌不先韓起以爲得仁雖然義立而後仁顯嫡宣孟所以化穆子也族屏季所以感悼公也詩曰世之不顯厥猷翼翼斯三晉所由盛而曲沃所由分與

宋穆公疾召大司馬孔父而屬殤公焉曰先君舍與夷而立寡人寡人弗敢忘若以大夫之靈得保首領以沒先君若問與夷其將何辭以對請子奉之以主社稷對曰羣臣願奉馮也公曰不可先君以寡人爲賢使主社稷若棄德不讓是廢先君之舉也豈曰能賢光昭先君之令德可不務乎吾子其無廢先君之

功使公子馮出居于鄭穆公卒殤公即位君子曰宋宣公可謂知人矣立穆公其子饗之命以義夫

錄曰宋宣之致國於穆公左氏以爲知人公羊以爲首禍將何所折衷乎夫堯舜禹益之事由於自然之命天理之公也故可萬世而無𡚁穆宣夷馮之事出於爾我之情報施之私也所以再傳而不終雖然孔父之受命賢於趙普之再悞而子馮之居鄭愈於德芳之負約穆公可謂不負其初心矣

宋桓公疾太子兹父固請曰目夷長且仁君其立之公命子魚子魚辭曰能以國讓仁孰大焉臣不及也且又不順遂走而退宋襄公即位以公子目夷爲仁使爲左師以聽政於是宋治故

魚氏世爲左師

錄曰穆公舍馮而立與夷父子之分紊矣所以卒致華督之逆目夷固請以立茲父兄弟之倫正矣所以克繼齊桓之霸然則飾讓國之虛名即其假仁義之實效乎要之父死子繼者萬世之常兄終弟及者一時之變非常非變亂之階矣

按襄公此時之讓似出至誠然國聽於君家聽於親使不灼知子魚之賢則祇當恪遵父命不可徒事虛文以襲美譽使果眞知其仁則既爲左師自宜舉國以聽專一信從不唯申克讓之初心且闕已責人之過因言省改亦未必有盂之辱泓之敗豈非始終有光者哉何乃恭前倨後兵

敗殷傷至死不悟君子是以窺其讓之僞也

公孫敖娶于莒曰戴巳生文伯其娣聲巳生惠叔戴巳卒又聘于莒莒人以聲巳辭則爲襄仲聘焉登城見之美自爲娶之盡室奔莒以從巳氏也魯人立其長子穀是爲文伯文伯疾而請曰穀之子弱請立難也許之文伯卒立惠叔

錄曰魯文之世殺適立庶而乃有穀與難之讓可以愧襄仲矣而卒不免於廐埋之慘者何也傳曰君以此始亦以此終慶父之弑般及閔與襄仲之殺惡及視一也雖欲不死其可得哉議者謂難不聽公冉務人之言則迂矣

漢書河間王德武帝兄也修學好古從民得善書爲好寫與之

留其眞加以金帛繇是四方道術之人不遠千里或有先世舊藏多奉以奏故得書多與漢朝等悉皆先秦古文若周官尚書禮記孟子老子之屬皆經傳說記七十子之徒所論其學舉六藝立毛氏詩左氏春秋博士修禮樂被服儒術山東諸儒多從之遊武帝時來朝獻雅樂對三雍宮及詔策所問三十餘事其對推道術而言得事之中文約指明立二十六年薨謚法聰明睿智曰獻因謚獻王

錄曰自漢祖溺冠罵儒之後世傳諸侯王或數百率多驕縱失道悖亂凶慝無所不至豈天之降才爾殊哉所以陷溺其心者然也彼儒者誠何負於天下乎二帝三王所爲以標準

後世者具載於書此其身端行治溫仁恭儉篤敬愛下出於
中尉常麗之口視彼安於鴆毒利於危亡者何其懸絕哉史
稱大雅卓爾不羣河間近之嗚呼可謂仁矣

東海恭王彊郭后子明帝兄也建武二年立爲皇太子十七年
而郭后廢彊常慼慼不自安願就藩國以奉養母氏光武不忍
遲回者數歲至十九年六月詔以皇太子彊崇執謙退父子之
情重違久之其以彊爲東海王立陽爲皇太子

錄曰愚觀承運登興之主每事鑒於已往瞭於將來其易東
海正以維時之艱也有如明帝之賢而不預定於先漢將復
不振厥後永平元年彊果以病薨是帝已覩於將然矣論者

謂東海稱藩謙恭之心彌亮明帝承統因心之友愈深雖興廢不同其於父子兄弟至性無間然也

按漢明於兄弟之間備極友愛千古無議之者然當廢立時光武遲回不忍而帝並無片言遜讓偃然居之豈預知彊之早以志安社稷而不必務小節邪况彊崇執謙退不名一善曲體親心奉養母氏仁也母后既廢力辭儲位義也退就藩國不履危疑智也務自儉約死生一致禮也至誠感帝不爲厚薨信也具此五德以嗣神器詎不足以光前業而保永終乎晉時劉曜立世子頴頴辭曰父之於子當愛之如一今黜熙而立臣苟以臣頗堪驅策豈不能輔

熙以成聖業慕容儁臨終屬太原王恪恪亦言若以臣能荷天下之重豈不能輔少主明帝覩此則不無愧矣雖然晋武至孝而弟齊王攸亦極孝友至親且賢宜贊朝政乃信荀勗馮紞等之譖逼令就國致攸抱憤而殞武能盡三年之喪而不能終同氣之愛未可謂能推者若漢明克盡友于始終無間宜爲千古歎美也

東平憲王蒼明帝弟也帝素親愛之永平十一年來朝月餘還國帝臨送歸宮悽然懷思乃遣使賜手詔曰辭別之後獨坐不樂因就車伏軾而吟瞻望永懷實勞我心日者問王處家何等最樂王言爲善最樂其言甚大副是要腹矣今送列侯印十九

枚諸子年五歲以上能趨拜者皆令帶之

錄曰東平之樂善千古美談也夫美者善信充實之謂若彼招致游士聲名聞望昭著顯明者皆非善信充實之謂也矧作金龜玉鶴刻符造瑞者乎帝之大其言良有以也或曰爲善最樂者葢無所爲而爲之也無所爲而爲則亦何所往而不見其樂哉

按善原於性故仁義禮知總名曰善而仁又曰元善曰善之長葢聖賢教人不過期於善而止善能實有諸己則可造聖人君子之域此夫子所以有願見之思也然善必須見諸爲而爲善最樂一語創自東平夫富貴不與驕奢期

而驕奢至誰肯效簞瓢陋巷之子拳拳服膺而不改者王之賢可謂過人矣天下止有善惡兩途苟樂於爲善則自不爲惡聖人每事盡善雖本性之乃君子希聖之功必從明善遷善始觀帝手勅數語友愛之情纏綿懇惻且獨有味於斯言而贊其大其亦有樂於此也夫

姜肱伯淮與弟仲海季江家世名族俱以孝行著聞其友愛天至常共臥起及各娶妻兄弟相戀不能別寢以系嗣當立乃遞往就室肱博通五經兼明星緯諸加辟命皆不就二弟名聲相次亦不應徵聘時人慕之桓帝乃下彭城使畫工圖其形貌以聞肱匿幽閣處以被韜面言感疾不可風工竟不得見

錄曰按謝承書肱繼母年少性嚴肱感凱風之誼而兄弟同寢不入房闈詩曰有子七人莫慰母心肱之雋行若是可謂能慰母心者矣夫聖善令人者發之乎聲也祥撻覽代者徵之乎色也隰哀原急者釁之乎招也瓶罄罍耻者痛之乎往也是故母子異室兄弟同寢不發聲矣兄友弟愛因心著聞不徵色矣徵聘不聞黨禍無與不釁招矣色養而終全體浩然不痛往矣質諸孔門豈非所稱貧而樂者哉

晉書王祥弟覽母朱氏遇祥無道覽年數歲見祥被楚撻輒涕泣抱持至成童每諫其母其母少止凶虐朱屢以非理使祥覽輒與俱又虐使祥妻覽妻亦趨而共之祥喪父後漸有時譽朱

疾之密使酖祥覽知之徑起取酒朱遽奪反之自後賜祥饌覽輒先嘗朱懼遂止及祥仕進覽亦應本郡召先是呂虔有佩刀工相之以爲必登三公可服此刀苟非其人刀或爲害虔謂祥有公輔量特以與之祥臨薨以授覽曰汝後必興足稱此刀後果奕世多賢興於江左覽六子裁字士初撫軍長史基字士先治書侍御史會字士和侍御史正字士則尚書郎彥字士治中護軍琛字士瑋國子祭酒裁子導爲名宰相

錄曰祥之事親無所遜覽之事兄有可委父之失愛有所爲母之殘虐無所因卒使孝子悌弟萃於一門禎祥和氣興於奕世此乃天假之以成二子之名且以延東晉數葉之祚也

晉元膺命導實啟之其兆已先見豈非順德之所感哉特是呂虔之事未足深信其亦豐城雷劍之類乎

唐書宋王成器申王成義玄宗兄也岐王範薛王業弟也邠王守禮從兄也聖曆初出閤列第於東都積善坊五人分院同居大足元年從幸西京賜宅興慶坊玄宗即位興慶本龍潛舊邸因以爲宮西南置樓題曰花萼相輝樓上時聞諸王音樂聲咸召登樓同榻宴謔或便幸其第賜金分帛厚其歡賞宋王尤恭謹畏慎未曾干議時政上尤愛重之嘗與書曰魏文帝有詩云西山一何高高處常無極上有兩仙童不飲亦不食賜我一丸藥光耀有五色服藥四五日身輕生羽翼朕每思服藥而生羽

翼何如骨肉兄弟天生之羽翼乎昔陳思有超代之才文帝絶其朝謁卒令憂死魏祚未終遭司馬宣王之奪豈仙丸之效邪頃因餘暇得此神方願與兄弟等同保長齡永無限極

錄曰益之九五曰有孚惠心勿問元吉有孚惠我德象曰有孚惠心勿問之矣惠我德大得志也玄宗功盛德尊而五王虛中順應合乎天理之正即乎人心之安手足相孚心氣相感友于之意油然而生當是時社稷永安蒼生悅豫大善而吉不問可知矣夫旣至誠懷吾之德是以展布謀猷恢張治道大君之志暢然得伸此開元之政所由並美於貞觀也夫何間然之有

張公藝九世同居北齊隋唐以來皆旌其門高宗麟德中封泰山幸其宅召見公藝問所以睦族之道公藝書忍字百餘以進其意謂宗族所以不協由尊長衣食或有不均卑幼禮節或有不至更相責望遂起乖爭苟能相與忍之則家道自然雍睦

錄曰忍者其不忍之心乎不忍之心天心也九世之族天性也以天心而合諸天性其視九族猶一人九世猶一日也何不可共之有若徒以强制爲義而無惻怛慈愛施行於其間則斯忍也其刄心之刄乎張公之意殆不如是

按史論皆謂高宗柔懦有餘公藝不當書忍以對抑知高宗所少正在於忍乎夫忍者以公勝私卽克己之謂也故

情欲不可縱則用恐以斷之而閨幃之事不乖矣私愛不可徇則用恐以割之而尊卑內外之限不踰矣君臣父子夫婦之倫不可不各盡則强恐以赴其不足堅恐以制其有餘而天理不泯綱紀秩如矣苟能充之內而王后蕭妃外而長孫褚韓親而太子諸王可以少存矣故必有所大不忍於此而後能行其忍於彼至誠惻怛之心所以果其遇事强制之力也若徒曰强制有如防口防川事故之來紛投猝出安能持久不變乎公藝苐示其端而中未必無深意覽者不可不知

元德秀字紫芝爲人質厚少緣飾以不及親在而娶遂不肯婚

人謂不可絕嗣答曰兄有子先人得祀吾何娶爲及兄子長將爲娶家苦貧乃求爲魯山令玄宗在東都大酺命三百里縣令刺史各以聲樂會集德秀遣樂工數十人連袂歌于蔿帝聞而異之歎曰賢人之言哉歲滿去愛陸渾佳山水居之不爲牆垣扃鑰歲饑日或不爨彈琴以自娛房琯每歎曰見紫芝眉宇使人名利之心都盡及卒弟結字次山哭之慟或曰子哭過哀禮與結曰若知禮之過而不知情之至大夫弱無固性無專老無在死無餘人情所耽溺喜愛大夫皆無之生六十年不識女色未有十畝之地十尺之舍十歲之僮未嘗完布帛而衣具五味而食吾哀之以戒荒淫貪佞綺紈粱肉之徒

錄曰愚觀曾山之爲人悠然若太虛無一塵之翳浩然若澄淵無一沙之滓其躬乳兄子尤曠古所罕聞見然晋史稱弟子綏服攸喪三年而唐史不著曾山兄子之名亦無制服之義乃特述次山之慟要之慟者情也服者義也以慈養兼無後二義律之其當制服明矣史果闕文也哉

按荒淫貪佞綺紈粱肉處富貴而能不移於此者有幾人哉夫志於道德者功名不足以入之志於功名者富貴不足以入之今人本求富貴而上冐曰功名亦未識此二字之義矣蓋名之所該甚廣道德中有名焉事業中有名焉文章節義中有名焉其立功者或在社稷或在蒼生創百

世之規條貽無窮之利濟非小小補苴而即可紀於太常崇之俎豆者也故一代無幾人或數代而間出才難如此豈今之富貴人可妄擬哉假令惕然於荒淫貪佞之不可躭淡然於綺紈粱肉之有可鄙則亦可爲庸中佼佼矣然有志功名者必於取舍之分立其基若房琯之嘆夾山之慟皆足以砥廉隅而挽世運士君子其勗諸

宋史太祖皇帝性仁孝質任自然弟晉王光義嘗病亟親往視之自爲灼艾晉王覺痛帝亦取艾自灸以分其痛每對近臣言晉王龍行虎歩他日必爲太平天子福德非吾所及

錄曰陳橋之變晉王與諸將先發後聞所謂實始翦商也然

則龍行虎步已著於日光相盪之頃而太平福德又形諸灼艾分痛之時無何斧聲燭影僧文瑩輕信以悮李燾燾復傳疑以悮胡陳二子故丘瓊山特據正史以明其誣愚謂後世所以證成太宗之惡者祗以他日處弟之薄故先疑其負兄之情待姪之殘故懸擬其無君之罪觀太祖友愛天性如此太宗縱有異念何忍遽萌乎

按宋太宗爲人雖未可稱悌弟亦非殘刻不仁之甚者也彼德昭自殺豈太宗素萌殺姪之心乎至秦王之不得其死止因趙普一語陷其君於賊恩而留千古之遺恨耳方其問普之時正公私交戰之會及普言進而攘據之私心

遂確乎其不可拔普又恐貽已身後患百方羅織以致廷美不得延喘於親兄之世則是廷美之貶且死全由於普而非出太宗之本心明矣雖然太宗不得無罪也因太原軍中之疑而忮其姪因趙普一誤再誤之說而慮其弟私念一萌甘蹈不韙私之賊害夫仁也如是夫

范文正公告諸子曰吾貧時與汝母養吾親汝母躬執爨而吾親甘旨未嘗充也今而得厚祿欲以養親親不在矣汝母亦已早世吾所最恨者恐令若曹饗富貴之樂也吳中宗族甚衆於吾固有親疎然自祖宗視之則均是子孫苟祖宗之意無親疎則饑寒者吾安得而不恤也且自祖宗來積德百餘年而始發

於吾得至大官若獨饗富貴而不恤宗族異日何以見祖宗於地下今何顔謁家廟乎於是出恩例俸賜均惠於族人盡以餘俸置附郭常稔之田千畝號曰義莊

錄曰此文正未達之所志與已達之所施自書契以來惟公獨擅其美然推其所以能然者其故有四一曰存心之公二曰奕世之賢三曰風俗之厚四曰君德之隆蓋自其爲秀才時先天下之憂而憂後天下之樂而樂有此識見而後能有此度量此其存心之公一也以純仁等爲之子其繼志述事有不以公之心爲心者乎此其奕世之賢二也今置附郭常稔之田千畝不惟忌毀日招覬覦滋起且不得子姓之賢者

經理之侵肥逋賦何所不有奚能安枕而長享乎此其風俗之厚三也至公之立朝剛毅正直旅進旅退未嘗依阿取容若非遭遇聖主安能始終自保出其餘祿以贍族人乎此其君德之隆四也後世不幸或宗族爭長競短或身後甲是乙非或逢時縮首浩歎或遭變甘心陸沉區區企仰古人何能及哉此其存心公私之攸分子孫賢愚之攸别風俗美惡之攸殊世道升降之攸繫不但敦宗睦族已也

按世曰同宗謂同此宗所自出所以别於同姓也曰同族謂比族而居又以親乎同宗也則凡一族之子服屬雖有親疎祖宗原同一視義田之舉豈非千古盛事亦創事哉

然觀文正規條貧者歲粟不過以斗計布以丈計其在貧而向學者雖云優厚所增未至倍蓰舉凡嫁娶喪葬之空乏皆取給焉蓋其時風氣未奓人心知足出納無私故可傳之經久邇者世趨日薄習見倍徙若以斗粟尺布相遺未有不成乾餱之愆者非惟不能見德反以斂怨旣有以灰好義者之心矣誠得賢子孫綜理之而此多彼寡浮言迭興縱無心於要譽而且不能免謗又有以阻任事者之氣矣倘久之而視爲已產私相鬻賣其弊尚可言乎無怪乎古今人之不相及也。

司馬旦弟光友愛篤至旦年將八十光奉之如嚴父保之如嬰

兒每食少頃則問曰得無饑乎天少冷則撫其背曰衣得無薄乎光後居洛旦居夏縣有園沼勝槩光歲一往省旦亦間至洛視光凡光平時所與論天下事旦有助焉及光被門下侍郎召固辭不拜旦引大義語之曰生平誦堯舜之道思致其君今時可而違非進退之正也光乃幡然就道時天下懼光之終不出及聞此皆欣然稱旦爲長者之言

錄曰同人之卦二以得位得中而上應九五其光之謂乎五以剛健中正而下應六二其旦之謂乎故一則離明致主爲天下之快覩一則中誠格物伸天下之大誼百世有餘慕焉

按兄弟之道義取手足或曰塤箎葢以同父之親元屬一

體家庭聚順當以恩勝義也然書稱友于兄弟詩曰則友其兄言兄弟而重之以友則友自又一倫也友者責善規過以觀摩爲益以比匪爲傷故樂羣必因敬業離居則有思賢不弟風雨雞鳴聯牀共影等之怡怡也以友爲愛必期忠告則平居當以道德相親如二程之自相師友當官則其勵淸白如李維李綸之投杯江水臨大事則又當如王安國之阻行新法曾肇之引翊正人盡其說而無所撓焉果能是而德業日進弗墜家聲始爲天倫樂事故古人取義必有微意寧僅死喪急難之孔懷也哉

弘道錄卷之四終

弘道錄卷之五

明刑部員外郎仁和邵經邦弘齋學
皇清詹事府少詹事四世孫遠平補案

朋友之仁

通書周子曰道高德厚教化無窮實與天地參而四時同其惟孔子乎道高如天者陽也德厚如地者陰也教化無窮如四時者五行也孔子其太極乎

錄曰此萬世賓師之分與堯舜同其尊榮故宰我曰夫子賢於堯舜子貢曰自生民以來未有孔子未嘗直擬之以太極也夫易更三聖圖始濂溪發先天後天之藴奧者孔子也發

孔子太極之蘊奥者周子也故太極之未判也渾於不識不知之中而極乎無聲無臭之際其已判也立乎形氣未具之先而行乎形氣已具之內實造化之樞紐品彙之根柢也孔子何以爲太極乎方其未發也仁義禮智之性渾然在中無所不有及其已發也中正和樂之德隨感而應無乎不宜實一誠之權輿萬化之橐籥也就其光輝發越而言天以陽生萬物其道顯矣而聖人仰之彌高鑽之彌堅何有所窮盡乎自其靜深有本而言地以陰成萬物其德微矣而聖人肫肫其仁淵淵其淵何有所止極乎四時行焉者春夏秋冬也子以四教者文行忠信也其所以因材而篤物各付物五行之

生各一其性也是故合而言之全具乎夫子之身萬物統體一太極也分而言之曲成於物物之內一物各具一太極也而所謂賢於堯舜者正以其教化之無窮所謂自生民來未有者亦以其道德之高厚也三子之言一理而已矣

論語顏淵問仁子曰克己復禮爲仁一日克己復禮天下歸仁焉爲仁由己而由人乎哉顏淵曰請問其目子曰非禮勿視非禮勿聽非禮勿言非禮勿動顏淵曰回雖不敏請事斯語矣

錄曰此孔門言仁之始所謂徹上徹下語也夫天下歸仁者堯舜之事業也無一人不得其所無一物不在性分之內所謂放之則彌六合也克己復禮者聖賢之全功也無一念不

合乎天無一事不中乎禮所謂卷之則退藏於密也此仁道之極致心學之淵微何有待於外哉夫允恭者堯允塞者舜究其功自視聽言動始故必先明四目達四聰而後能動爲天下道言爲天下法四勿之語有自來矣不徒問仁而必請其目不徒請目而能事斯語㫖哉顏氏子其以仁爲己任乎

子曰回也其心三月不違仁其餘則日月至焉而已矣

錄曰愚觀孔門勸勵之實萬世敦篤之誨今去聖人千八百年猶可以自勗也夫三月不違者非以天道小變之節過此而不由也日月至焉者亦非今日進而至明日退而不及也葢以顏子之心融黙識終日不違約畧三月之久純乎天理

之全如之何其可及也其餘則頴悟幾於顔子而擇善未精
德行同於一科而美大未至或一日之間淸明純粹天理昭
融或一月之間不遠來復無所祇悔雖未能中心安仁夬非
君子而不仁者矣此聖人之深意豈有所貶損於其間哉
子曰賢哉回也一簞食一瓢飲在陋巷人不堪其憂回也不改
其樂賢哉回也
錄曰此可見三月不違仁也夫簞瓢非旦夕之移陋巷匪一
時之事人惟不堪其憂故不能久而安焉回也天理昭融私
欲淨盡方且心廣體胖而忘其貧見大心泰而無不足故曰
不改其樂此與未若貧而樂同一樂字善學者合觀之可也

子曰飯疏食飲水曲肱而枕之樂亦在其中矣不義而富且貴於我如浮雲

錄曰此孔顏之分别未達一間處夫所謂不改其樂有時或未然矣至樂在其中則渾然天理不可爲窮盡不可爲方體其實無大相懸也

顔淵死子哭之慟從者曰子慟矣曰有慟乎非夫人之爲慟而誰爲顔淵死子曰噫天喪予

錄曰顔淵死天不愛道也魯西狩獲麟地不愛寶也皆足以致夫子之慟也子嘗曰自吾有回則門人日益親蓋聖人之身乃道統之所屬道在不言身身在不言道天喪予者愛道

之至也道傳於萬世聖人猶不死也此可見顏子繫道之重

師友關仁之切孰謂五倫之末可不究乎此哉

曾子曰士不可以不弘毅任重而道遠仁以爲己任不亦重乎

死而後已不亦遠乎

錄曰此可見曾子之確也夫請事斯語優爲之者也仁以爲己任固執之者也上智之資故曰明睿學知之資故曰弘毅其致一而已矣

仲弓問仁子曰出門如見大賓使民如承大祭己所不欲勿施於人在邦無怨在家無怨仲弓曰雍雖不敏請事斯語矣

錄曰夫子嘗稱雍也可使南面故告以出門使民皆南面事

也今由此言以想仲弓之形容尚可見其寛弘簡重之度量聖門若回若雍皆居德行之科者以此言始聞而心解力可到而踐行雖欲不請事不可得也

或曰雍也仁而不佞子曰焉用佞禦人以口給屢憎於人不知其仁焉用佞

錄曰聖門以仁爲首稱仁者佞之反佞者仁之賊也若雍之敬以持已恕以及物內外已無怨矣故或人之言如此蓋當時之人亦知仁爲美德若得兼有口才便不可及非徒惜之也世俗以佞爲才而不知其不可如有德者必有言則是仁而非佞矣蓋仁爲心之德聖門不易言也不知其仁即如答

孟武伯之語亦非不許由求赤之仁也讀者可類推焉

司馬牛問仁子曰仁者其言也訒曰其言也訒斯謂之仁矣乎子曰爲之難言之得無訒乎

錄曰牛之再問非無爲也彼方見顏冉所告皆全體敦篤之功而已之所告乃語言辭氣之末然不知非禮勿言克復之條目爲仁之切要乎非但爲多言而躁發也苟能謹於言而不放以達於耳目周身之間念念不已克己復禮端在是矣惜乎不達爲難之旨不聞請事之言徒知多憂多懼此其所以異於顏冉之學也與

樊遲問仁子曰居處恭執事敬與人忠

錄曰此於學者最爲切近葢未能如見大賓必先自處以恭未能如承大祭必先執事以敬未能不欲勿施必先與人以忠因遲之粗鄙夫子所以深箴其病與他處言仁者異矣

樊遲問仁子曰仁者先難而後獲可謂仁矣

錄曰孔門問仁之屢者莫如樊遲而卒未能傳道何也葢求仁之學無所爲而爲之也聞謀道不謀食矣未聞學稼學圃也以遲之親游聖門猶且淺見如此而漢儒董子乃能知正誼不謀利明道不計功非實有得於先難後獲之旨者與

樊遲問仁子曰愛人問知子曰知人樊遲未達子曰舉直錯諸枉能使枉者直子夏曰富哉言乎舜有天下選於衆舉皋陶不

仁者遠矣湯有天下選於衆舉伊尹不仁者遠矣

錄曰愚觀子夏之言非但發夫子所未發千古而下眞不能違也夫有天下者之必於舉直錯枉何哉葢是非邪正相去雖懸殊而所關在一間邪者進則正者或變而爲邪正者進則邪者可化而爲正也唐舉魏徵而隋俗盡華宋舉司馬光而熙豐頓改及其後也用一林甫而立仗斥遠用一章惇而狎小充廷夫子此言其千古之金鑑乎遲得益友交相論難卒以發明厥後商也日益遲也無聞然則達與未達之間可以决進與不進之幾矣

子貢曰如有博施於民而能濟衆何如可謂仁乎子曰何事於

仁必也聖乎堯舜其猶病諸夫仁者己欲立而立人己欲達而達人能近取譬可謂仁之方也已

錄曰子貢之質幾於上智而不能優入聖域者從事高遠也曾子之資限於才魯而能卒傳道統者能近取譬也當時問者多矣舉其事該其辭似於中有所得也而不知文可傳施不可博愛可泥仁不可泥子貢之學蓋有得於博而未及於約宜乎泛而不切也夫欲立者卓爾之謂也欲達者躍如之謂也二者皆所以約之於禮也以是爲防後世猶有博愛言仁者然則非原道之失也因文見道之失也因文見道謂之不能約禮也亦宜

子貢問爲仁子曰工欲善其事必先利其器居是邦也事其大夫之賢者友其士之仁者

錄曰賜於是時蓋已覺今是而昨非矣故又問爲仁若所謂請事斯語者夫已立立人已達達人非率爾之謂也有大夫之賢誘掖獎勸之於上有士之仁薰陶漸染之於下則不覺其卓然而立豁然而達矣不則獨立無助爲能率人孤陋寡聞何以表物此求仁之所以重朋友哉

子張問仁子曰能行五者於天下爲仁矣請問之曰恭寬信敏惠恭則不侮寬則得衆信則人任焉敏則有功惠則足以使人

錄曰張之請問非淵之請目也故就其所不足而言夫恭與

泰反寬與虐反信與違反敏與怠反惠與賊反以張之務外好高未必不以堂堂爲恭以無拒爲寬以色取爲信以卒遽爲敏以愓令爲惠則五者之效便茫然矣此造就之深意因病之良藥與他章五美四惡同一意也

按夫子答諸賢問仁有内外之異窮達之殊全體一節之各造皆因其材力所近或矯其氣質之偏而詔以從入之路及其成功元無二致蓋仁道統四端兼萬善語其大則天地萬物幷包畢貫而莫或有遺語其細則靜虛動直深入幾微而莫測其際在上而出身加民不特經緯萬端直可彌綸六合而於仁非有加在下而寂寥蔀室卽一事無

可見一念無所營而太和元氣充溢流動四體之間自與造化默契而於仁非有歉是故博施濟衆固仁而樂在疏水曲肱簞瓢陋巷亦仁也恭寬信敏惠先之居處徵諸與人而無非仁而克復敬恕即邦家天下以驗吾心亦無非仁也自訒言與事賢友仁一節推之以至視聽言動莫不循禮則與仁爲一全體皆仁不但三月不違已也要之爲仁由己惟仁爲己任則不見其難不期其獲而天下歸之不仁者自遠是豈由人乎哉夫道莫大乎仁學者莫先於求仁而爲仁之方備於聖門之答問其辭或異其指歸無異於此參稽而會通之其庶幾矣

子曰若聖與仁則吾豈敢抑爲之不厭誨人不倦則可謂云爾已矣公西華曰正唯弟子不能學也

錄曰此仁字是渾然全體乃天道之本然也與平日門人問答一言一事者不同則吾豈敢亦不自滿假之意非特謙已之辭也爲不厭誨不倦則駸駸乎純亦不已之天矣若遽以爲已聖已仁不惟滋學者之惑其實一息尚存此志不容少懈此惟全體不息者能之豈門弟子所可學哉

按集註夫子謙言已無知識與聞人譽已承之以謙之類未必有當聖心也蓋聖人之言由中達外豈有虛辭飾說以啓後人疑似之理故曰何有於我曰是吾憂也曰我無

能焉蓋實見夫天下事理本無窮盡吾人造詣原無止足在一日則盡一日之進修歷一年則有一年之得力觀志學章可見也常人未知不厭不倦之樂往往修道德之邊幅襲理學之陳言輒自夸詡覬博虛名不知的然之際識者早已窺見至隱豈識所謂聖不自聖雖休勿休者乎惟聖人法天行之健則其歉然不足之懷不覺實心吐露所謂甘苦自知者而謂故作謙讓不遑之說以示後世學者何其淺之乎窺聖人也

子路曰願車馬衣輕裘與朋友共敝之而無憾

錄曰子路之衣敝縕袍與車馬輕裘有以異乎曰無以異也

彼之不耻者爲克己之至此之無憾者爲及人之公然必先堅不耻之志而後能廓無憾之心故夫揚揚過閭里有識者所共鄙而楚楚若蜉蝣有志者所不爲曾足爲由也多乎此其所以共敝無憾也

曾子曰堂堂乎張也難與並爲仁矣子游曰吾友張也爲難能也然而未仁

錄曰聖門之教以求仁爲的而七十子之所學必以仁道爲歸若曾子之吾日三省與子游之學道愛人其視張不啻倍蓰之相去苟以世俗交情而論孰肯箴其病而藥之哉可見以友輔仁之實不虛美不掩瑕責其所難救其所失其於友

道爲至篤非仁而何

漢書董仲舒少修奮志勤學下帷講誦弟子傳習者以久次相授受或莫見其面蓋三年不窺園其精進如此進退容止非禮不行學士皆師尊之景帝時爲博士後爲江都相事易王王帝兄也素驕而好勇仲舒以誼匡正王特敬重焉一日王問越王勾踐與大夫泄庸種蠡謀伐吳滅之寡人以爲越有三仁仲舒曰昔魯君問柳下惠曰吾欲伐齊何如惠曰不可歸而有憂色曰吾聞伐國不問仁人此言何爲至於我哉徒見問耳且猶羞之况設詐以伐吳虖繇此言之越本無一仁

錄曰先儒稱仲舒有儒者氣象愚竊謂升堂矣何也樊遲聖

門高第尚飧鄙近利夫子告以先難後獲終未能達如仲舒三策明君兩相驕主難不如獲未嘗有慍見之色設以賈誼處此不免悔吝叢生此正誼不謀利明道不計功非無當之虛言乃踐履之實事曾晏羞與爲伍矣若其下帷講誦庶幾時習之悅學士師尊無忝朋來之樂以至人莫見其面三年不窺園豈非人不知而不慍之君子乎雖坐杏壇之側與諸子並驅當無愧矣

按漢承嬴秦後六經離析百氏縱横仲舒獨昌言孔子之道由是立學校之官重茂材孝廉之舉可謂漢四百年識正學者矣觀其下帷講誦弟子以次相授深得孔門傳習

之遺其正誼明道之言卽先難後獲之旨也尊聞行知之
言卽博學篤行之功也其言災異一皆原本道術引据經
傳不雜禨祥讖緯之書如京房劉向之徒所云者乃主父
偃私見嫉之竊其稾以上而呂步舒者廣川弟子也不知
其爲師說漫謂語近譏刺致下詔獄幸遇赦免朋友之仁
安在哉眞西山稱仲舒始終守正可以遊於聖人之門而
劉歆以爲未及乎游夏則過矣至其少治春秋三年精進
而繁露一書開舉玉杯淸明竹林之屬文頗不雅馴恐當
時好事者附會之未必果出其手也

黃憲年十四荀淑遇于逆旅竦然異之揖與語移日不能去曰

子吾之師也既而語袁閎曰子國有顏子識之乎閎曰見吾叔度邪同郡戴良才高倨傲見憲未嘗不正容及歸惘然若有失其母問曰汝復從牛醫兒來邪對曰良不見叔度不自以爲不及既覩其人則瞻之在前忽然在後固難得而測矣陳蕃周舉常相謂曰時月之間不見黄生則鄙吝之萌復存乎心郭林宗少游汝南先過閎不宿而退進往從憲累日方還或問其故林宗曰奉高之器譬諸氿濫雖清而易挹叔度汪汪若千頃波澄之不清淆之不濁不可量也憲初舉孝廉又辟公府友人勸其仕暫到京師無所就天下號曰徵君

錄曰范曄論黄憲言論風旨無所傳聞然士君子見之者靡

不服深遠去玭吝將以道周性全無得而稱乎余曾祖穆侯謂憲隤然其處順淵乎其似道淺深莫臻其分淸濁未議其方若及孔門其殆庶幾此愚於東京之士獨於憲有取也

性理宋濂溪先生周敦頤聞道最早雅意林壑初不爲人窘束廉於取名而銳於求志薄於徼福而厚於得民菲於奉身而燕及煢嫠陋於希世而尙友千古嘗曰士希賢賢希聖聖希天伊尹顏淵大賢也志伊尹之志學顏子之學過則聖及則賢不及則亦不失於令名見牕前草不除問之云與自家意思一般胸中生意勃如也作太極圖易通諸書妙契千百年不傳之旨上接堯舜禹湯文武周孔道統之緒河南程珦使其二子顥頤往

受學焉每令尋孔顔樂處所樂何事二程之學源流於此故顥之言曰自吾見茂叔吟風弄月以歸有吾與點也之意侯師聖學於伊川未悟造訪濂溪留對榻夜談三日乃還伊川驚異之曰非從周茂叔來邪其善開發人類此

錄曰孔顔之所樂龍德而正中也大人與天地合德其胸次悠然直與萬物上下同流可得而測度之乎茂叔之所希龍德而隱者也君子以成德爲行藹然如和風皓然如皎月可得而嬌揉之乎是殆天之所授以開萬世道學之傳其所得於觀感者不但吟風弄月他日傍花隨柳均是一道此聖人所贊同聲相應同氣相求之益豈泛然語言文字比乎

按元公著太極圖明天理之根源究萬物之終始直接羲
畫統緒俾下學知可馴致於上達薄俗漸可返治於淳龎
嘉惠後來厥功甚大乃象山謂其說出自老列朱震謂其
圖得自希夷傳之种穆或又謂當時但指畫以示二程無
所謂書或謂二程言語文字甚多未嘗一及無極字疑非
濂溪所爲或謂濂溪曾與胡安國同師崔林寺僧壽涯故
其學本釋氏訟議呶呶殊不知老莊所言道在太極之先
漢志太極函三爲一柳子無極之極皆指氣言而此所謂
太極專以理言其說本諸夫子贊易而無極則指此理之
無形者言與太極非有二理并無先後也極者至極之謂

太者大無以加之謂蓋天下凡有形象聲氣方所者皆不甚大理則無形象可見無聲氣可聞無方所可指而實充塞天地貫徹古今大孰加焉故無極而太極是言無極之中而有至極之理朱子謂即上天之載無聲無臭之意黃勉齋謂即天命之謂性也元公精密嚴恕不少矜夸故當時無知者從游惟二程子又無人可以語此是以不輕示人且以仁義中正爲主正與二氏相反豈得爲異端附託邪朱子曰不由師傳默契道體足破羣疑矣

明道先生程顥自十五六時厭科舉之習慨然有求道之志反求六經而自得之謂孟子沒而聖學不傳以興起斯文爲己任

進將覺斯人退將明之書不幸早世其言曰道之不明異端害之也昔之害近而易知今之害深而難辨昔之惑人也乘其迷暗今之入人也因其高明自謂窮神知化而不足以開物成務言爲無不周徧實則外於倫理窮深極微而不可入堯舜之道天下之學非淺陋固滯則必入於此自道之不明也邪誕妖異之説競起塗生民之耳目溺天下於汚濁雖有高才明智膠於見聞醉生夢死不自覺也是皆正路之榛蕪聖門之蔽塞闢之而後可以入道所言平易易知賢愚皆獲其益如羣飲於河各充其量云

錄曰孔門諸賢顔子居四科之首當時稱爲好學曰不遷怒

不貳過曰非禮勿視非禮勿聽非禮勿言非禮勿動曰有若無實若虛而以大程夫子方之非其所優爲者與觀其終日端坐如泥塑人及至接人一團和氣固未嘗遷怒貳過也充養有道見於聲容望之崇深弗敢慢也遇事悠然從容不迫測之誠欸弗敢措也何嘗妄言妄動乎寧學聖人而未至不欲以一善成名寧以一物不被爲已病不欲以一時之利爲已功又豈非若無若虛邪此其於諸儒之中獨得其粹而無與匹者使天假之年其詣寧可量哉

伊川先生程頤幼有高識非禮不動年十八上書闕下欲天子黜世俗之論以王道爲心游太學時安定胡公方主教問以顏

子所好何學先生著論曰學以至聖人之道也學之道奈何天地儲精得五行之秀者爲人其本也眞而靜其未發也五性具焉曰仁義禮智信形既生矣外物觸其形而動於中矣其中動而七情出焉曰喜怒哀懼愛惡欲情既熾而益蕩其性鑿矣故覺者約其情使合於中正其心養其性愚者則不知制之縱其情而至於梏亾然學者必先明諸心知所性然後力行以求至仁義忠信不離乎心造次顛沛久而弗失則居之安動容周旋中禮而邪僻之心無自生矣安定得其文大驚處以學職呂希哲師事之力行好古安貧守節動止語默一以聖人爲師不至於聖人不止故卒得孔孟不傳之學以爲諸儒倡嘗言爲士者

無功澤及人而浪度歲月宴然爲天地間一蠹惟綴緝聖人遺書庶幾有補爾於是著易春秋傳以傳於世

錄曰濂溪之所尋者孔顏所樂何事也安定之所試者顏子所好何學也可見師之所以教弟子之所以學一以道德性命大聖大賢爲依歸此有宋一代道學之傳度越前古而世道之隆風俗之美所由開也

按宋儒學行之篤並生一家者古今來無如二程蓋皆自十四五歲時便有志斯道以爲孟子而後聖學不傳慨然以紹續爲己任故在野則後學受裁成之益居朝則君心賚啟沃之功要皆本之正心誠意而明道先生多歷外任

尤著施行之效足破後世迂疎無實之妄誕矣然兩先生氣象不同其造詣亦微有别明道天資粹美德性充完如渾金璞玉其與人春風和氣賢愚咸樂其度及臨事之際或直或婉隨宜應務必底於成劉中立從之三十年未嘗見其有忿厲之色其學一本於誠伊川嚴毅性成方行矩步爲禮法之士所稱而濶達自喜者或牴牾焉目爲狷介由其崖岸過峻也王巖叟薦疏云學極聖人之精微行全君子之純粹洵無愧焉其得一主於敬總之兩先生身雖不見用於時而尋久絶之緒接千聖之傳賴以嘉惠後學無論肴山蘇氏所不如即西山蔡氏安定胡氏亦皆瞠乎

其後誠一代之偉人矣

横渠先生張載學有本原力行好古爲關中士人宗師作西銘曰乾稱父坤稱母予兹藐焉乃混然中處故天地之塞吾其體天地之帥吾其性民吾同胞物吾與也大君者吾父母宗子其大臣宗子之家相也尊高年所以長其長慈孤弱所以幼其幼聖其合德賢其秀也凡天下疲癃殘疾惸獨鰥寡皆吾兄弟顛連而無告者也于時保之子之翼也樂且不憂純乎孝者也違曰悖德害仁曰賊濟惡者不才其踐形惟肖者也知化則善述其事窮神則善繼其志不愧屋漏爲無忝存心養性爲匪懈惡旨酒崇伯子之顧養育英材潁封人之錫類不施勞而底豫舜

其功也無所逃而待烹申生其恭也體其受而歸全者參乎勇於從而順命者伯奇也富貴福澤將厚吾之生貧賤憂戚庸玉汝於成存吾順事歿吾寧也伊川嘗言西銘推理以存義擴前聖所未發與孟子性善養氣之論同功

錄曰二程天資明粹故一見濂溪安定聞孔顏樂處如目斯睹如手斯指無俟念慮思索此其明睿所照渾然無迹也橫渠大概有苦心極力之功無優游不廹之意故觀其言者始若未能暢然見後方始無惑此二程張子所由分也觀龜山反復辨難於前朱子委曲著論於後西銘至今盛行可見當時不惟以文會友而直以友輔仁矣

按明公於二程中表叔父行也氣質剛毅德盛貌嚴早年馳騁於孫吳游情於釋老一夕二程至與論易即撤虎皮講坐渙然曰吾道自足何事旁求乃盡棄所學而學之其進道甚勇致力甚艱當其令雲巖則訓民以敦本善俗主郡學則教士以少意科舉及校書崇文院鋭意欲復三代治道以忤新法遽移疾歸與諸生講學大旨以易爲宗以中庸爲體每告人知禮成性變化氣質之道所著西銘深明理一分殊訂頑一篇備言仁之全體龜山楊氏謂其極純無雜秦漢以來學者所未到而程子答書謂其意屢偏而言多窒小出入時有之朱子謂明道之學從容涵泳之

味深橫渠之學苦心力索之功倍要之最有功於聖門莫如心統性情一語淵源所自出於伊洛伯仲居多可謂畧尊卑而篤朋友之誼者矣

康節先生邵雍少自雄其才慷慨欲樹功名堅苦刻勵夜不就席者數年北海李之才聞其好學謂曰子亦聞物理性命之說乎雍曰幸受教乃授以河圖洛書宓羲八卦六十四卦圖象雍曰願先生惟開其端毋竟其緒由是探賾索隱妙悟神契玩心高明以觀天地之運化陰陽之消長遠而古今世變微而走飛草木之性情深造曲暢遂衍宓羲先天之旨著書十餘萬言富弼司馬光呂公著諸賢退居洛中雅敬之爲市園宅名其居曰

安樂窩光兄事雍而二人純德尤鄉里所嚮慕每相飭曰毋爲不善恐司馬端明邵堯夫知之然不事表襮不設防畛羣然燕笑終日不爲甚異與人言樂道善而隱惡有就學問則答之未嘗强以語人人無貴賤少長一接以誠故賢者悦其德不賢者服其化一時洛中人才特盛而忠厚之風聞於天下

錄曰古人德器成就或得之天資之純或充以學力之富或涵於風俗之美先生三者具備所以挺然間出稱振古人豪也觀其受圖北海遠有端緒及與温公申公張程諸賢燕笑終日一團太和元氣在師弟朋友間畧無凝滯人我之見使得從遊舞雩之下寧獨曾晳見與於聖人哉

按聖賢之所謂數也何爲也哉如兩儀也自其乾坤而言曰理自其陰陽而言曰氣自其天地而言曰象自其奇偶而言曰數是理也氣也象與數也合之則不能分之則不可故聖賢言理而數寓其中言數而理居其中至誠之前知不過斷之以理而已先生闡宓羲先天之藴著皇極經世書以一元統十二會一會統三十運一運統十二世一世統三十年一年統十二月一月統三十日一日統十二辰經之者元也紀之者會也始之者運也終之者世也推而上之衍而下之皆取十二與三十之數迭相爲用内聖外王之學直可經綸宇宙貫徹古今非小數自名者得以

窺其涯涘後世九流雜言射覆末技輙多假托先生以神其說孰知先生探易象春秋之奧溯皇王帝霸之原研精殫思三十載參諸天道質諸人事家國興替百世可知其所由來皆原一誠以爲本惟誠則心體廣大無非實理以實理照物之來何有不知又誠則心體虛明觸處瑩澈以虛明察物之幾豈有或謬故誠則不求知而自無不知若舍是而言前知未有不入於異端曲說者也

龜山先生楊時自幼穎異德器早成積於中者純粹而淵宏見於外者簡易而平淡閒居和樂色笑可親臨事裁處不動聲氣與之遊者雖羣居終日嗒然不語飲人以和而鄙薄之態不形

推本孟子性善之說發明中庸之道先達陳瓘鄒浩皆以師禮
事之江東學者推爲程氏正宗胡五峰羅仲素皆其弟子紹興
初崇尚元祐學術而朱文公張宣公之傳得程氏之正其源委
脉絡悉出龜山云著有三經義辨
豫章先生羅從彥堅若刻勵篤志求道耻爲辭章之學漢唐諸
儒無近似者與人並立而使人化如春風發物莫知其所以然
少從吳國華遊聞龜山得程氏學慨然慕之徒步往學焉曰不
至是幾虚過一生龜山熟察之謂可與言道已入羅浮山靜坐
三年於以窮天地萬物之理克然自得務爲明體達用之學嘗
曰士之立朝要以正直忠厚爲本正直則朝廷無過失忠厚則

天下無嗟怨一於正直而不忠厚則漸入於刻一於忠厚而不正直則流入於懦其議論醇正如此著遵堯錄八卷大畧謂藝祖開基列聖繼統若舜禹遵堯而不變云

延平先生李侗生有異禀年二十四聞同郡羅仲素得河洛之傳于龜山之門遂往學焉仲素清介絕俗里人鮮知之者見侗來受業或頗非笑侗若不聞上書仲素曰天下有三本焉父生之師教之君治之闕其一則本不立古之聖賢莫不有師惟先生服膺龜山之講席有年矣况嘗及伊川先生之門得不傳於千五百歲後者哉凡讀聖賢之書孰不願受經門下侗不量資質之陋妄冀先生啟廸輔翼使由正路行而心有所舍倪然惟

日孳孳死而後已侗當守此不敢自棄仲素好靜坐嘗令侗靜中看喜怒哀樂未發前氣象而求所謂中者久之而知天下之大本眞在乎是由是涵養純熟泛應曲當無復圭角學者比之氷壺秋月瑩徹無瑕自非吾曹可及

錄曰三先生者得周程之正傳開考亭之統緒初由洛水傳之龜山龜山傳之豫章豫章傳之延平延平傳之紫陽而道學乃大彰明於世其間絕續之攸關一綫之維繫眞有舉世非之而不顧者眞天之未喪斯文也

按秦漢以來千五百年師異旨殊孔孟傳心要典或幾乎熄天故挺生二程倡道河洛間繼得三先生綿延其緒開

中興以後諸儒之授受儼然箕裘堂構之相承焉本支百世之不紊焉中立少成進士不赴官而願卒業於明道立雪於伊川跡其官祭酒罷王荊公配祀燬新經版破元祐黨籍足以伸正人之氣矣仲素聞伊川講易至乾九四爻乃鬻田裹糧詣洛從之謂聞所未聞歸而授徒守道尤篤不愧東南冠冕之號愿中見道最早學術通明終日危坐略無隤墮之容生平不著書而接引後進問答不倦且言孔門弟子羣居終日交相切磋又得夫子爲之依歸是以觀感而化某前時幸有所得中間無講習之助幾成廢墜覩此則麗澤之益輔仁之功顧可須臾少哉

晦庵先生朱熹自少厲志聖賢之學父韋齋得中原文獻之傳用力於致知誠意之地先生早茂已知其說而心好之韋齋於延平爲同門友遣子從學延平稱之曰頴悟絶人力行可畏先生亦曰自從延平遊每一去復來則所聞益超絶退然如將弗勝其爲學也窮理以致其知反躬以踐其實謂致知不以敬則昏惑紛擾無以察義理之歸躬行不以敬則怠惰放肆無以致義理之實持敬之方莫先主一存此心於齋莊靜一之中窮此理於學問思辨之內然充其知而見於行者未嘗不反之乎身也不睹不聞之前所以戒懼者愈嚴愈謹隱微幽獨之際所以省察者愈精愈密思慮未萌而知覺不昧事物既接而品節不

差道之正統端在於是

錄曰此朱子學問之淵源也以韋齋爲之父所以成之者遠籍溪白水屏山延平爲之師所以助之者深若乃居敬以立其本窮理以致其知反躬以踐其實三言者先生之所自得始終造道不越乎此秦漢以來數千百年所僅見也

其得於己而爲德也以一心而窮造化之原盡性情之妙達聖賢之蘊以一身而體天地之運備事物之理任綱常之責其存之也虛而靜其發之也果而確其用之也應事接物而不窮其守之也歷變履險而不易至其養深積厚矜持者純熟嚴厲者和平心不待操而存義不待索而精猶以爲義理無窮歲月有

限常歉然有不足之意

錄曰此朱子道德之成就也觀其自贊曰從容乎禮法之場沈潛乎仁義之府惟闇然而日章或庶幾乎斯語北溪陳氏謂其心度澄朗瑩無查滓工夫縝密渾無隙漏葢大本原處盡得程氏之傳故嘗曰亦幸私淑而與有聞焉

謂聖賢道統之傳散在方冊聖賢之旨不明則道統之傳始晦於是竭其精力以研窮經訓於大學中庸則補其闕遺别其次第綱領條目粲然復明於語孟則深原當時答問之意使讀者如親見聖賢而面命之於易與詩則求其本義攻其末失深得古人遺意於數千載之上於書則疑今文之艱澀反不若古文

之平易於春秋則疑聖心之正大決不類傳註之穿鑿於禮則病王安石廢罷儀禮而傳記獨存於樂則惘後世律尺旣亡而清濁無據若歷代史記則又考論西周以來下至五代取司馬公編年之書綿以春秋紀事之法綱舉而不繁目張而不紊

錄曰此朱子有功於繼往聖也自漢以來儒者穿鑿附會支離髣髴未有真知灼見若易傳詩序無慮數百家而註疏專門又皆浩博無要求其確然關於天命之微人心之奧入德之門造道之域無以踰於今之傳註且一字一義莫不理明辭順蓋萬世學者指南與天地同其悠久者也

周程張邵之書所以繼孔孟道統之傳歷時未久微言大義不

章先生爲之裒集發明而後得盛行於世太極先天圖精微廣
博不可涯涘爲之解剝條畫而後天地本原聖賢蘊奧不致泯
没南軒張公東萊呂公同時先生以其志同道合樂與之友或
識見少異亦必講磨辨難以一其歸教人以大學語孟中庸爲
入道之序而後及諸經以爲不先大學則無以提綱挈領而盡
語孟之精微不參語孟則無以融會貫通而極中庸之旨趣由
孔子後曾子子思繼其微至孟子而始著由孟子後周程張邵
繼其絶至先生而始著

錄曰此朱子有功於開來學也自孔子集羣聖之大成以爲
賢於堯舜朱子集諸儒之大成其功豈在孟子下乎至今學

者玩其辭求其義終身受用無有窮已而不知當時極深研
幾沉潛反覆或達旦不寐或累月不息雖疾病支離至諸生
問難則脫然沉痾之去體此其至仁之德無問賢愚大小少
長貴賤周徧懇至亘千古而莫與京者也
按朱子登第五十年仕外僅九考立朝纔四十日章凡數
十上語皆格心之非刺時之弊其慷慨切直處有朋友之
間所難堪者而孝宗無少忤甚至夜半起讀每爲動容惜
未究於用爾大抵人心好奇先生示之以平平則高明者
過於無所逞而厭之世俗尚圓先生繩之以方方則脂韋
者苦於有所束而憚之故自先生去國韓侂胄勢日張何

譖誣之於前劉德秀論之於後而僞學之名自此起及沈繼祖訐先生十罪詔落職罷祠未幾劉三傑劾之爲逆黨姚愈稱之爲死黨於是攻僞學者日急方是時士之繩趨尺步稍以儒名者率皆屏伏丘壑或更名他師過門不入甚至變易衣冠以自别其非黨而先生且進諸生講學不倦豆飯藜羹日與之共晏如也嘉泰初學禁稍弛始得還職賜謚雖達而行道不能施之一時然退而明道足以垂之千古勉齋黃氏曰是天所以相斯文而篤生哲人以大斯道之傳也而當時小人且欲以利祿輕重之是何異鴟鴞得腐鼠而嚇鵷鸞邪

南軒先生張栻生有異質父忠獻公浚教以忠孝仁義之實既長命遊胡五峰之門一見卽以孔門論仁親切之旨告之退而若有所得以書質焉胡公報之曰聖門有人吾道幸矣由是益自奮厲直以古聖賢自期作希顏錄以自警策所造既深猶未敢自足取友四方益務求其所未至日玩索講評踐行體驗然後昔之所造愈精遠而反以得乎簡易平實之地其於天下之理皆瞭然心目間而實有以見其不能已者是以決之勇行之力而守之固凡所以篤於君親一於道義而沒世不怠者初非有所勉慕而强爲之也其教人必使先察乎義利之間而後明理居敬以造其極其剖析開明傾倒切至必竭兩端而後已嘗

曰學莫先於義利之辨而義者本心之所當爲而不能自已非有所爲而爲之也一有所爲而爲之則皆人欲之私而非天理之所存矣朱子每誦斯言必加三嘆

錄曰自義利之說不明而人心之害孔棘當靖康之變國事至此極矣有人心者自宜奮不顧身倡大義於天下而乃以便安爲上策和議爲得計原其心止計利而不顧義耳惟敬夫父子爭之益力爲之益堅苟非眞有見於天理之當然而非人欲之私僞安在其勇往不顧哉此其義利之辨身體而力察之初非托諸空言以欺世者矣

按宣公對孝宗言人之所以建事立功無不如志者以其

胸中之誠有以感格天人之心而與之無間也此眞見理之精信道之確賢於董相之策遠矣自後召對凡六七所言皆修身務學畏天恤民信任防一已之偏好惡公天下之正朝野爭傳誦之及其知靜江而峒苗帖服撫江陵而羣盜遠遁是豈迂疎無術者乎其學亦頗與晦翁有針芥之契其論心則曰心本無出入謂有出入者不識心也孟子因操舍而言也其論學則曰聖人教人以下學之事下學工夫浸密則所爲上達者愈深非下學之外別有所謂上達也使享年克永所進正未可量當時晦翁未嘗輕許人獨以宣公爲畏友聞其死嗟嘆不已曰吾道孤矣夫豈

偶然之故哉

西山先生眞德秀當學禁益嚴時慨然以斯文自任講習而服行之修讀書記以性命者義理之源故以爲首性之發爲情而心則統乎性情三者一編之綱領也其目則仁義禮智信者天命之性也父子君臣夫婦長幼朋友者率性之道也人所共由之謂道得之於已之謂德其實非有二也故繼之曰中曰一曰極曰誠皆道也而異其名故又繼之士之求道將何所始敬者學之本根故列於首次曰師道曰教法曰聖人而辨君子小人之分與吾道異端之别皆大學之事故又次之陰陽造化之理其畧已見性命篇未備者復以終焉其衍義一書以爲人君而

不知大學無以淸出治之源人臣而不知大學無以盡事君之法此書所陳實百世傳心之要典而非孔氏之私言也近世大儒嘗爲章句或問以析其義竊思所以羽翼是書者本諸聖賢之學以明帝王之治據已往之迹以待方來之事斷然以爲君天下之律令格例也故以明道術辨人才審治體察民情爲格物致知之要崇敬畏戒逸欲爲誠意正心之要謹言行正威儀爲修身之要重配匹嚴內治定國本教戚屬爲齊家之要四者之道得則治國平天下在其中矣

錄曰愚觀二書之義而竊比之斯錄所由作也凡引用先聖先賢以迄後代作者嘉言善行一準大學衍義而以錄日起

例叅之已見至不主故常不膠訓詁此又不躐之愚意也夫當道學昌明之時家誦人習而徒守故常不如無錄矧義理無窮人心有感千變萬化皆從此出而執訓詁以自畫其進可乎孔子曰人能弘道非道弘人後生敢不黽勉思以企及哉就有道而正竊於眞文公三嘆焉

按衍義一書內而身心外而家國日用常行言其不可不言者也而弘道諸錄獨抒巳見不襲陳言斷章取義發所未曾經發者也曰不主故常者非於故常之外別有所謂奇特也孔子曰溫故而知新葢即舊聞而互稽叅考久之洞燭原委自然觸處旁通恍然躍然或據成案而另闢新

裁或反前言而束爲定論雖是非曲折任意翻騰要皆按之時地而無偏質諸情理而不越縱合千百世卓識之流規矩之士悉其意議莫過其區別之端詳而迥出意表非好異也非故爲駁詰以訾謷往哲也亦揆乎義之正而已倘徒掇拾殘膏剩瀋不求穎脫則聖賢行事何以道各不同史傳發明何以人執一論也哉曰不膠訓詁者非離訓詁之外別求所謂解說也孟子曰不以文害辭蓋卽傳註而涵泳研求久之事理純熟自然心解神怡油然曠然因其微開之端而竟其緒得其兼該之旨而廣其推雖譚言微中義例不拘要皆本言以闡意而非支離循意以立言

而非穿鑿縱使當年著作之手箋疏之儒生於今日猶茫其探索之精深而更多曲暢由胸無宿滯也由有味乎其言愈引而愈出也惟虛心遇之而已若止從事摘句尋章不離窠臼則聲入心通何以聞一而知十因此識彼何以告往而知來也哉然則故常非泥而主之者泥訓詁非病而膠之者病此讀書稽古者所貴神明其意也

鶴山先生魏了翁自少英悟絕出人稱神童時方諱言道學既登進士值韓侂胄史彌遠相繼枋用遂力辭詔命築室白鶴山以所聞於輔廣李燔者開門授徒由是蜀人盡知義理之學其爲學也卽物以明義反身以求仁審夫小學文藝之細以推乎

典禮會通之大本乎平居屋漏之隱而極夫天地鬼神之著以爲聖賢之書由漢以來諸儒誦而傳之得至於今其師弟子顓門相尙雖卒莫得其要然古人之遺制前哲之緒言存乎其間蓋有不可廢者自濂洛之說行朱子祖述發明學者知趨乎道德性命之本廓如也而從事於斯者誦習成語惟日不足所以博文多識之事若將畧焉矧近世之弊好爲鹵莽其求於此者或未切於身心而攷諸彼者曾弗及於詳博於是傳註之所存者其舛僞牴牾之相承既無以明辨其是非而名物度數之幸在者又不察其本原誠使有爲於世何以徵聖人制作之意而爲因革損益之器哉先生蓋有憂之故加意於儀禮周官大小

戴之記及取九經注疏正意之文據事别類而錄之名曰九經要義將以見夫道器之不離而正其臆說聚訟之惑世此正張氏以禮爲教程氏徹上徹下之語也

錄曰愚觀鶴山之論而嘆今之學者尤不忍言焉攻口耳之筌蹄則傳註有所弗視取仕進之捷徑則名物若罔聞知其失不知底於何所而後已前此尙有存心講學一時聚而排之迄今寥寥無聞卒莫之怪而惟日趨於淺近卑陋其陷溺人心虧損治道非淺矣魏氏之憂孰能惕然悚懼乎此錄之所以孳孳不息也

按詩云民之秉彝好是懿德君子以同道爲朋或近而一

堂或遠而倘論其間神交默契固非可以時勢拘利害奪也西山之學直以朱子爲歸鶴山之學上與周程爲友當是時僞禁方張正人短氣苟有一毫私欲之見而不盡出於天理之公鮮有不若將浼已者而西山安撫湖南日以周濂溪胡康侯朱晦庵張南軒學術源流開示士子人皆化之鶴山判潼川慨然疏請與周惇頤張載程顥程頤錫爵定謚俾學者知所趨向朝論韙之卒從其請嗚呼道學盛於宋而宋莫究其用且有厲禁焉死而褒之又何益也雖然亦可以見懿好之出於自然而直道猶行於三代以下矣迨理宗親政博採人望於是兩先生同日並召西山

進衍義一書鶴山前後二十餘奏無非深明格致誠正之
理邪正消長之機從此黨禁得弛正學復昌明於天下兩
先生維持之力不可泯沒云

弘道錄卷之五終

弘道録卷之六

明刑部員外郎仁和邵經邦弘齋學

皇清詹事府少詹事四世孫遠平補案

義

君臣之義

論語堯曰咨爾舜天之曆數在爾躬允執其中

錄曰中之一字自堯始發迺道統之淵源也葢君臣之義匪但尊卑相屬名分相臨而已天之所不能淸地之所不能寧鬼神所不能信日月所不能明莫不賴之故必有叅乎三極之道以作配乾坤而通貫會同其間自有不偏不倚無過不

及之理惟至聖斯允執之如天運於上而天之曆數有莫能
外矣此繼天立極而開萬古君臣第一義也

虞書人心惟危道心惟微惟精惟一允執厥中

錄曰此中之一義析之愈精而不亂探之愈深而不窮求之愈親而不費參之愈約而不繁者也夫堯之一言至矣盡矣而舜復益之以三言者非有所加也未至於欽明文思與濬哲文明未免天理人欲混爲一塗而毫釐之差謬以千里此其憂道之至用功之切後世明君賢臣所當熟察也

按此十六字千古道統之祖即千古治統之祖也人心即人欲道心即天理心非有二也顧其所發何如耳從人欲

發者易縱故危從天理發者難見故微精者辨之明一者守之固易縱難見故宜精以辨之一以守之能辨能守則人欲自去天理自存而所發皆得其中矣堯之告舜惟曰允執其中而舜之告禹又推而詳之然論語有堯命舜之辭而二典不載論語止曰舜亦以命禹而大禹謨則又備載舜辭豈壁藏口授之餘多有遺闕與雖詳畧互異要之執中一語始終無以易也

大禹謨后克艱厥后臣克艱厥臣

錄曰此陳謨第一義舜禹身有之故言之親切而有味也舜自側陋以至徵庸歷試以至居攝歸格以至陟方其間若七

政之齊百揆之總九官之命四凶之誅何事而敢易易乎況禹尤有甚焉水土之勤痛於匪父胼胝之勞成於弗子八年之勤繇於辟室四乘之苦甚於匪躬苟以易心乘之何救於覆轍邪是故旨酒之惡欲克也寸陰之惜時克也聲律身度已克也左繩右矩治克也一饋十起勤克也一沐三握慎克也自勞心焦思以至無間然者何莫非厥艱邪總之艱則治不艱則亂艱則安不艱則危凡事且然而況君臣之際哉

按虞廷交儆此其首著者也然禹之告帝惟在君臣克艱帝既俞其言又謂天下嘉言無不達遺賢無不舉萬邦無不寧虛已從善軫恤困煢胥由是焉則知克艱一念中其

包甚廣其效至大而有望望若不及之思且不敢自居必推能於堯而曰惟帝時克豈非千古君臣之極則哉孔子答魯定公君難臣不易之說而歸重於知難蓋知之旣眞則克之必力旣不敢有輕視天下之心并不敢有肆爲民上之氣隨時隨事無有怠荒則庶績何有不成兆民何有不乂此所以成重華之治也交儆之義大矣哉

臯陶謨無教逸欲有邦兢兢業業一日二日萬幾無曠庶官天工人其代之

錄曰臯陶之意豈其愈勤而愈密邪夫克艱者心也而所以盡之其萬幾乎今夫天一晝夜閒周三百六十五度四分度

之一其日月之旋轉星辰之運動陰陽之交錯五行之聚散何啻萬分乎猶之君也一日二日間由寢興灑掃以至車馬戎兵由常伯暬御以至山陬海澨其朝廷之治亂生民之休戚社稷之安危政治之得失何啻萬殊乎然皆繫一念心思之微動於善則無有不善而萬緒皆理矣動於不善則無有於善而萬事皆非矣由是兢兢以守之業業以持之必使幾之在我者無纖微之私無毫釐之謬則雖紛紜轇轕萬有不齊一以貫之無遺矣此天工人代之意合內外而一之也

按曆家謂天左旋日月五星本右旋而亦西行者蓋天牽之以西如蟻行磨上磨左轉蟻右行磨疾蟻遲不得不西

卽朱註十月之交云日月右行其說皆非也考尚書蔡註
天繞地左旋一日一周而過一度日亦繞地一周而在天
爲不及一度月一日不及天十三度十九分度之七又性
理朱子亦云天與日月五星皆左旋天道日一周天而常
過一度日亦日一周天起度端終度端故比天常不及一
度月行不及十三度有奇今人卻謂月行速日行遲此錯
說也又曰日行速健次於天天旣日進一度則日日退一
度積三百六十五日四分日之一則天所進過之度正恰
周得本數而日所退之數亦恰退盡本數遂與天會而成
一年月行遲比天退十三度有奇進數爲順天而左退數

爲逆天而右曆家以進數難算只以退數算之卻取背後欠天零數起數故日止作行一度月止作行十三度有奇謂之右行易於布算耳明太祖當天清氣爽時指一星爲主見太陰居列宿之西一丈次夜月出則徐過而東遂以月爲右旋無疑使月而果右旋則每日不及天十三度有奇月出之候將漸退而西矣今試自朔後生明之候逐夜視之漸縮而東卽其初起於西者仍沒於西則月之左旋何疑哉推之而日果右旋則天左而每日過一度日右而每日退一度天漸過而前日漸縮而後豈能每晨日出必在暘谷乎惟日之運行不爽一日一周天其不及天一度

者乃天行過一度若見爲日之不及一度乾健故也而豈日之右旋哉晉天文志云天圓如倚蓋地方如棋局不知地體惟圓所以能包乎天中試觀月食本爲地影所格其所食分杪形魄皆圓故知天圓地方者取義云爾渾天儀云天形如彈丸包乎地外如卵白之繞黃最爲近之

益稷臣哉鄰哉鄰哉臣哉

錄曰有天則有地地附乎天者也有君則有臣臣依乎君者也天一氣而已至於生生之所以著物物之所以繁夭者喬者飛者潛者峙而載者振而流者周徧廣濶磅礴深厚無乎不至皆地之功也君一人而已至於朝廷之所以正萬國之

所以寧用人行政安上治民上而三光下而羣生外而四裔遠而八荒莫不咸理皆臣之功也此君臣之義無所逃於天地之間而虞廷陳謨首發臣哉鄰哉之旨且反覆申重極其咏歎爲人上者所當涵泳而弗釋也

帝曰臣作朕股肱耳目予欲左右有民汝翼予欲宣力四方汝爲予欲觀古人之象日月星辰山龍華虫作會宗彝藻火粉米黼黻絺繡以五采彰施于五色作服汝明予欲聞六律五聲八音在治忽以出納五言汝聽

錄曰自股肱耳目之義著而後元首腹心益見其可親非但理之當然亦勢之必然也今夫手足痺痿謂之不仁耳目聾

閉則不成人凡人周身可缺一乎必若身之使臂臂之使指外具耳目之官內有聰明之質而後能戴天履地而爲人苟無是則一物無所見一步不可行矣惟君亦然是故有股肱然後能翼能爲有耳目然後能明能聽而周身之用全故治天下可運之掌也然其義在於自明其德詩不云乎不明爾德時無背無側爾德不明以無倍無卿嗚呼其知慎哉

按帝王之道無不從敬畏中出然必內外交修上下共惕乃能動致丕應而仰迓天庥觀帝反覆臣鄰之道而責以股肱耳目翼爲明聽之司其君臣動色相告何其至乎夫以帝舜爲君寧有不慎之失以伯禹爲臣寧有不欽之愆

尚且防於未萌慮於萬一亦義之至極而莫加者也

益曰吁戒哉儆戒無虞罔失法度罔遊于逸罔淫于樂任賢勿貳去邪勿疑疑謀勿成百志惟熙罔違道以干百姓之譽罔咈百姓以從己之欲

錄曰此辭直切詳盡要在儆戒無虞一語法度易弛也逸樂易縱也君子易遠小人易溺也疑謀易於苟成百志易於昏暗好名心盛則違道干譽有所不顧驕侈日生則咈民從欲有所不恤此皆無虞之日最易流而不覺者以帝舜之聖何有於此而益乃因禹克艱之謨備陳其戒憂盛危明眞摯若此豈非深識治體而交盡其義者哉

孟子湯執中立賢無方

錄曰堯舜禹但言執中而不言立賢蓋唐虞之際有八元八愷九官十二牧濟濟相讓充滿於廷湯之時聿求元聖而且五就湯五就桀苟非三使往聘烏能幡然而起此推位讓國與推亾固存之所由異而反之以至於聖與精一以致其中者先後同一軌也

書湯誥聿求元聖與之戮力眷求一德俾作神主

錄曰四岳之舉而猶歷試諸艱者堯非得已也家難而天下易家親而天下疎也三聘之及而猶囂囂自得者尹非不恭也故將大有爲之君必有所不召之臣也不徒曰聖而曰元

聖不徒曰德而曰一德誠哉人主之高致帝王之盛節如是
而猶有割烹要湯之譏出處之際可不慎哉
說命朝夕納誨以輔台德若金用汝作礪若濟巨川用汝作舟
楫若歲大旱用汝作霖雨
錄曰礪者他山之石可以攻玉也舟者濟險舉難利涉大川
也霖者諫行言聽膏澤下於民也是三者論相之道也然亦
有若金而變革者有若舟而胥溺者有若旱而共焚者故人
君苟得其相則何事不濟苟不得其相則豈惟瞑眩厥疾終
膏肓吾憂矣豈惟自傷厥足終蹶躃吾懼矣此錄之深意與
論語三分天下有其二以服事殷周之德可謂至德也矣

錄曰孔子之稱文王蓋有見於贊易也乾爲天爲君爲上爲冠爲首坤爲地爲臣爲下爲履爲足臣之不可加於君猶地之不可加於天下之不可加於上履之不可加於冠足之不可加於首皆聖人贊易之義也雖曰天與人歸吾寧含章焉吾寧履霜焉此其立心之含弘處已之光大御物之貞順德澤之無疆果何所紀極何所限量乎故不惟曰德而曰至德

古稱西伯陰行善後儒非之不知此正史氏微辭爾

按史稱文王獻洛西之地請紂去炮烙之刑不知古者天子諸侯各治其國洛西之地紂地也文王安得此地爲私有而獻之哉蓋三分有二者不過舉諸侯之懷德而奉之

鄰民之望澤而就之者約畧似之非眞有天下之地三分其二而據之也至史稱西伯陰行善說者以爲志在翦商幾與田氏之要結司馬氏之潛移相等試思田之移齊司馬氏之圖魏其民盡君之民也其政盡君之政也故得借君之暴市巳之恩其爲陰也乃陰謀之陰爾若文王治岐之政由身而家而國而天下不疾而速不戒而孚此誠與仁與讓定國之機也機之所在見聞之所不及故謂之陰行也可中庸曰闇然日章易曰退藏于密太極曰靜而生陰皆是道也其所以爲至德乎

書武成天佑下民作之君作之師惟其克相上帝寵綏四方有

罪無罪予曷敢有越厥志

錄曰太誓既以作民父母陳於前武成復以作之君師陳於後言何複與曰非也天以仁育萬物以義正萬民由前之言仁則能盡夫義由後之言義所以行夫仁也是故非天子不敦典庸禮不命德討罪受既爲天子矣乃反而力行無度昏棄厥祀則典禮何在罪人以族官人以世則命討何在於此而不得克相者以寵綏之則天地之聰息而萬物之靈蔑矣此天地之大義待君師而後行世微武王則一日不可治一事不可理一步不可安一夫不可保苟有一毫利天下之心則厥罪惟均又安能保其無越志乎

乃反商政政由舊釋箕子之囚封比干之墓式商容之閭散鹿臺之財發鉅橋之粟大賚于四海而萬姓悅服

錄曰此勝殷之始其施爲氣象於湯誠有光也夫商政之舊即周政之新者也箕子洪範所陳不可一日屈商容禮法所在不可一日廢比干直節所關不可一日泯四海萬姓天心所向不可一日疎散財非私恩所以富天下也大賚非博施所以富善人也此其所以能悅服也

列爵惟五分土惟三建官惟賢位事惟能重民五教惟食喪祭惇信明義崇德報功垂拱而天下治

錄曰此造周之終其施爲氣象視古爲無忝也夫皇極之敷

言卽此篇之本末也旣富方穀則爵土不可玩近天子之光則賢能不可虛錫厥庶民則五教不可輕八政厚生則民食不可緩惇信明義王道蕩蕩也崇德報功王道平平也此其所以垂拱而治也

周官唐虞稽古建官惟百庶政惟和萬國咸寧夏商官倍亦克用乂明王立政不惟其官惟其人今予小子祇勤于德夙夜不逮仰惟前代時若訓廸厥官立太師太傅太保兹惟三公論道經邦燮理陰陽官不必備惟其人少師少傅少保曰三孤貳公弘化寅亮天地弼予一人冢宰掌邦治統百官均四海司徒掌邦教敷五典擾兆民宗伯掌邦禮治神人和上下司馬掌邦政

統六師平邦國司寇掌邦禁詰姦慝刑暴亂司空掌邦土居四民時地利六卿分職各率其屬以倡九牧阜成兆民

錄曰此成王所得於周公之論道爲萬世不刊之令典也夫周官之書三公六卿而曰官不必備惟其人周禮之建各屬三百有六十而曰不惟其官惟其人夫官虛器也人實用也觀此則公之意可見矣無何學周禮者之紛紜不一也夫公之所建者制也所周者意也玩其制師其意可矣

周禮冢宰以八柄詔王馭羣臣一曰爵以馭其貴二曰祿以馭其富三曰廢以馭其罪四曰置以馭其行五曰誅以馭其過六曰生以馭其福七曰予以馭其幸八曰奪以馭其貧

錄曰謂之柄者所秉執以起事王者御九有而齊之於手也謂之馭者所操縱以致遠王者驅一世而納之於善也天無福善禍淫不能使人畏君無賞善罰惡不能使人服其畏者非其所愛者也其服者非其所私者也王天王也官天官也天無私覆王者豈有私好哉無私好亦無私惡是故爵必稱其德祿必稱其功置必察其善生必察其勞隨物付之非我所由也予必當其賢奪必當其劣廢必切其過誅必切其辜人自求之非已所干也故能不勞餘力而振起九有不費精神而馳驅一世此宰天下第一義不可不知也

按周官三百六十今天官六十有三地官七十有九春官

七十夏官六十有九秋官六十有六而冬官闕焉漢儒考古不深强以考工記補之不知秦火之後諸書悉多殘軼冬官豈得全無五官豈宜有羨葢襍見於五官之中其實未嘗闕也宋淳熙間臨川俞廷椿著復古司空編朱子一見以爲冬官不必考索甚當嘉熙間永嘉王次點又作周官補遺西山真氏謂其訂義有先儒所未發而其最精確者莫如元儒丘葵所作周禮補亾一書因其義以别其名去其羨以補其缺於是天官之屬六十地官之屬五十七春官夏官之屬六十秋官之屬五十七冬官之屬五十四其間秩然不紊粲然有條即起鄭賈諸儒亦應斂手退三

舍然則冬官本未嘗亾所亾者僅冬官首章惟王建國至以民爲極二十字及乃立冬官司空至邦國二十字并大司空小司空之職二條爾抑考成王時周公以公兼太宰召公以公兼宗伯蘇忿生以溫爲司寇卽六卿之中如畢公毛公亦嘗上兼三公由是推之先王之制其職雖不廢其官未必盡設如有軍興則用軍司馬行司馬戎僕戎右有田獵則用甸祝田僕有喪紀則用夏采喪祝有盟會則用詛祝建邦國則用土方氏來遠人則用懷方氏先王豈能以祿食養無用之官待有事然後用之邪亦臨事兼攝而已故知官不必備不獨公孤爲然也

書無逸周公曰嗚呼君子所其無逸先知稼穡之艱難乃逸則知小人之依相小人厥父母勤勞稼穡厥子乃不知稼穡之艱難乃逸乃諺既誕否則侮厥父母曰昔之人無聞知周公曰嗚呼繼自今嗣王則其無淫于觀于逸于遊于田以萬民惟正之供周公曰嗚呼我聞曰古之人猶胥訓告胥保惠胥教誨民無或胥譸張爲幻此厥不聽人乃訓之乃變亂先王之正刑至於小大民否則厥心違怨否則厥口詛祝厥或告之曰小人怨汝詈汝則皇自敬德厥愆曰朕之愆允若時不啻不敢含怒周公曰嗚呼嗣王其監于茲

錄曰此周公告成王第一義也夫天下至鄙者莫如稼穡至

勞亦莫如之而至益於民亦莫如之及其至也躬稼而有天下則至仁亦莫如之此天命去留之本人心向背之源壽命修短之根福德廣狹之驗自祖宗來積功累仁千有餘年未始一日忽忘之者也然或不知小民之情則亦非廸哲之道葢好逸者民之常情也又必胥訓告胥教誨畧其怨詈詛祝之愚而惟反巳自責則無逸之德通乎上下豈惟成王所當監哉後賢後王莫不當然也故各以嗚呼發之所以深致其歎息興起之意云

詩豳風七月流火九月授衣一之日觱發二之日栗烈無衣無褐何以卒歲三之日于耜四之日舉趾同我婦子饁彼南畝田

畯至喜七月流火八月萑葦蠶月條桑取彼斧斨以伐遠揚猗
彼女桑七月鳴鵙八月載績載玄載黃我朱孔陽爲公子裳四
月秀葽五月鳴蜩八月其穫十月隕蘀一之日于貉取彼狐狸
爲公子裘二之日其同載纘武功言私其豵獻豜于公六月食
鬱及薁七月亨葵及菽八月剝棗十月穫稻爲此春酒以介眉
壽七月食瓜八月斷壺九月叔苴采荼薪樗食我農夫九月築
場圃十月納禾稼黍稷重穋禾麻菽麥嗟我農夫我稼既同上
入執宮功晝爾于茅宵爾索綯亟其乘屋其始播百穀二之日
鑿冰沖沖三之日納于凌陰四之日其蚤獻羔祭韭九月肅霜
十月滌場朋酒斯饗曰殺羔羊躋彼公堂稱彼兕觥萬壽無疆

錄曰此詩與無逸相表裡觀其一字一義小民知之君子亦
知之及其至而聖人有所未盡眞經天緯地之文徹上徹下
之語且不直陳於前而使瞽矇朝夕諷詠其側賢於法語之
言多矣夫歌詠所以養性情以成王之幼冲血氣尚未定也
惟陳后稷公劉開創之所由則法祖攸行急矣俾知小民衣
食之所自則盤樂怠傲蔑矣此古之詔王者不必輟洗止輦
而自不覺其入之深不必犯顏諫諍而自不覺其聽之熟所
以成其爲守成令主哉
按觀此詩則知周雖建子而不改時與月益彰明矣論者
謂周公述后稷公劉風化故由舊典然不獨見此詩也雅

云四月維夏六月徂暑六月棲棲戎車是飭頌曰維莫之春於皇來牟將受厥明皆周詩也豈非不改時月之證乎况博考周禮月令商書太甲篇以及秦漢諸史文景諸詔具信商周之悉用夏時夏月其子丑寅三代迭用者不過用以即位紀元朝覲會同頒曆授時諸事耳左傳言四月鄭祭足帥師取溫之麥是爲巳月蓋取者必待其成熟非僅芟踐之巳也若以建子爲正則四月在卯此時麥尚未秀何所取哉杜註非是　又按周禮凡祈年于方社則龡豳雅以樂田畯報賽祭蜡則龡豳頌以息老物今止有豳風而無雅頌王氏謂本有是詩而亾鄭氏則三分七月之

篇以當之或又以七月全篇隨事而變其音節理皆難通

夫雅之大田四篇卽豳雅也頌之良耜諸篇卽豳頌也詳

閱註疏與周禮所用正合何復有所疑邪

大雅有卷者阿飄風自南豈弟君子來遊來歌以矢其音泮奐爾游矣優游爾休矣豈弟君子俾爾彌爾性似先公酋矣有馮有翼有孝有德以引以翼豈弟君子四方爲則鳳凰于飛翽翽其羽亦集爰止藹藹王多吉士維君子使媚于天子鳳凰鳴矣于彼高岡梧桐生矣于彼朝陽菶菶萋萋雝雝喈喈君子之車旣庶且多君子之馬旣閑且馳矢詩不多維以遂歌

錄曰尙論古人惓惓忠愛其君至周召蔑以加矣然觀其所

以戒成王者一則卷阿可樂之地飄風可樂之景二則因王之歌非有繩切之意矢詩不多非有急迫之情先之以歆動之私終之以太平之瑞此古聖賢言不費而道相成使其君聽之自然優游饜飫而不覺其心契之深者嗚呼心契而言可忘矣其於儆戒乎何有

按宋仁宗朝有慶曆聖德詩爭相傳誦不謂成王時早有此成周聖德詩也然宋詩直以頌爲頌而周詩則寓戒於頌此古今人所以不相及與

書君陳王若曰君陳惟爾令德孝恭惟孝友于兄弟克施有政命汝尹茲東郊敬哉昔周公師保萬民民懷其德往慎乃司茲

率厥常懋昭周公之訓惟民其乂凡人未見聖若不克見既見聖亦不克由聖爾其戒哉

錄曰周公居東三年非親自監殷也其東人懷之也則曰我覯之子袞衣繡裳又曰無以我公歸無使我心悲商民於此益親見聖哲之人不啻其典感也成王以君陳孝友恭敬能法聖人故命以從政而敬其見賢思齊之心所以待君陳者至矣如謂王化頑民不求威猛剛克之夫而屬之令德孝友之子審如是則君臣之道狹矣

按行政必本諸心而孝友爲萬善之原天良發見所最真切者也準此以施則教養不爲具文禮樂不爲無本刑罰

舉措無施而不各當其於國與天下也何有若禮記大傳篇所言尊祖故敬宗重社稷故愛百姓則因欲長奉宗廟故不敢忽於臣民而措施之間惟恐有失此雖推本孝友之心然不若發號施令間純以孝友自然之良安安而行之尤見眞切也至未見聖若不克見旣見聖亦不克由聖又爲夫人之通病葢千里一聖百里一賢或尚友古人則聞聲相思神交企想有生不同時地之慨若當前交臂了不異人卽在所忽是以馮唐致歎於頗牧秦皇太息於韓非往往如是雖以君陳之賢猶諄切戒之况其下焉者乎無依勢作威無倚法以削寬而有制從容以和殷民在辟予曰

辟爾惟勿辟予曰宥爾惟勿宥惟厥中爾無忿疾于頑無求備于一夫必有忍其乃有濟有容德乃大簡厥修亦簡其或不修進厥良以率其或不良允升于大猷惟予一人膺受多福

錄曰此成王之詔君陳實以詔萬世也夫明德孝友為治之本也忠順寬和致治之用也苟於威福刑辟之間舉措疾徐之際或失則迎合或失則偏倚責人以所不能率人以所不由取人以所不備凡此皆非盡善之道故悉舉而歷陳之而終歸於容忍大德焉是時成王春秋鼎盛所患不能忍不能容耳而能舉以詔人則必能自勉矣不然予曰辟奚伺爾勿辟予曰宥奚伺爾勿宥而反以止辟邪

康王之誥王出在應門之內太保率西方諸侯入應門左畢公率東方諸侯入應門右皆布乘黃朱賓稱奉圭兼幣曰一二臣衛敢執壤奠皆再拜稽首王義嗣德答拜太保暨芮伯咸進相揖曰敢敬告天子皇天改大邦殷之命惟周文武誕受羑若克恤西土惟新陟王畢協賞罰戡定厥功用敷遺後人休今王敬之哉張皇六師無壞我高祖寡命

錄曰先儒以張皇六師似導王尚武者又曰守成之世多溺宴安而無立志皆非也國之大事在祀與戎康王受顧命之時太保奉同三祭三咤此時出廞門以俟非有異日也而首及於張皇六師正以見國之大事此今文合於顧命良以此

也是時答拜及報誥稱名皆是未踰年之事故曰義嗣德非謂預見先憂於未然說之過矣

按康誥大學引者四孟子引者二皆未詳康義何居鄭康成謂康爲謚號孔安國書傳云圻內國名世本宋忠註曰封從畿內之康徙封衛衛卽殷墟畿內之康不知所在考括地志故康城在許州陽翟縣正周畿內地其說脗與書傳合葢當康叔就封時旣有誥文卽有篇名豈待身後之謚取以冠其篇乎且史記世家載康叔卒子康伯立易名之典必無兩代同稱之理固知古人看書殊有未到

畢命王若曰嗚呼父師惟文王武王敷大德于天下用克受殷

命惟周公左右先王綏定厥家毖殷頑民遷于洛邑密邇王室式化厥訓既歷三紀世變風移四方無虞予一人以寧道有升降政由俗革不臧厥臧民罔攸勸今予祗命公以周公之事往哉旌別淑慝表厥宅里彰善癉惡樹之風聲弗率訓典殊厥井疆俾克畏慕申畫郊圻愼固封守以康四海政貴有恆辭尚體要不惟好異商俗靡靡利口惟賢餘風未殄公其念哉惟周公克愼厥始惟君陳克和厥中惟公克成厥終三后協心同底于道道洽政治澤潤生民予小子永膺多福

錄曰此保釐東郊之命非止爲殷頑民也蓋成王之制中分天下主以二伯自陜以東周公主之代之者君陳也又代之

者畢公也故卽位之時常率東方諸侯入應門右矣其命之者非始往也王新卽位必有告命之辭而召公爲西伯獨無命辭者或以留相天子或史闕其文未可知也其曰毖殷頑民者原其始也曰旌別淑慝彰善癉惡乃爲國本務非孜孜於殷亦非謂周公毖殷爲謹厥始君陳有容而和厥中至是始可以旌別淑慝也註者不達經文大旨徒以毖殷頑民洛邑一方爲主遂使保釐之大義止作化殷之偏辭豈康王垂拱仰成之遺則哉

按多士多方名殷民曰頑民其實未嘗頑也當二叔流言動搖王室懼罪而挾武庚以畔蓋殷雖淪亾其時世臣大

家六百年養士之恩猶昨也六七王賢聖之澤未泯也新
君之翼戴何若故國之瞻依卽文武之深仁豈能回殷士
之奮義乎及夫渠魁旣殲反覆誥諭而命之遷卽遷命之
役卽役其營洛邑而庶殷丕作無異成靈臺而庶民子來
然則殷民亦何嘗頑邪夫民猶赤子惟慈母是依其所以
向背不常者無非爲逃死計耳一經底定又復以脇從治
之將使黎民尚有孑遺乎必若成王之令主周公之元聖
有以廣好生而培元氣所以能致八百年之鞏固哉
君牙惟予小子嗣守文武成康遺緒亦惟先王之臣克左右亂
四方心之憂危若蹈虎尾涉于春氷今命爾予翼作股肱心膂

纘乃舊服無忝祖考弘敷五典式和民則爾身克正罔敢弗正民心罔中惟爾之中夏暑雨小民惟曰怨咨冬祁寒小民亦惟曰怨咨厥惟艱哉思其艱以圖其易民乃寧

錄曰此穆王也夫子豈與之與曰非也嘗觀先王之時非無車轍馬跡而公私之途嘗分爲二道是故綱紀法度刑政禮樂大公之遇也盤樂遊觀聲色貨利己私之奉也公固不得以廢私私亦不得以害公向使穆王逞其私智不以君牙爲司徒而以造父爲心膂君子小人並於樞要則小民之怨咨孰與之圖文武之遺緒孰與之守哉聖人列之於經正以見典常之不可紊佑啟之不可缺其旨深矣

冏命王若曰伯冏惟予弗克于德嗣先人宅丕后怵惕惟厲中夜以興思免厥愆今予命汝作大正正于羣僕侍御之臣懋乃后德交修不逮慎簡乃僚無以巧言令色便辟側媚其惟吉士僕臣正厥后克正僕臣諛厥后自聖后德惟臣不德惟臣爾無昵于憸人充耳目之官廸上以非先王之典非人其吉惟貨其吉若時瘝厥官惟爾大弗克祗厥辟惟予汝辜

錄曰此僕正也見於周禮皆士人之職王所與朝夕遊宴左右進退之不離者也其屬有祭僕所與供祀隸僕所與寢興戎僕所與御兵齊僕所與掌輅得其人則薰陶漸染納於善而不知不得其人則邪媚鼓惑入於惡而罔覺自後世專用

宦寺溺近親幸而無官守言責故惟務便辟側媚獻諛啟寵在三代之時史臣逆知其端雖以命伯冏實以訓萬世也先儒謂二篇之書當時仁人君子修辭立誠以勸勵其臣正所以感動王也夫穆王豈瞶瞶人下者哉其馳騁放縱必以堯舜陟方自居拒諫飾非必以禹湯賢聖自任不遑寢處必以文武憂勤自解然而修心一生國誰與足故作命辭者惓惓以繩愆糾繆望其僕臣可謂善諷其君者矣不知伯冏聽之可以為解乎其將自任乎吾不得而知則亦無得而享矣

史記漢王至洛陽新城三老董公遮說王曰臣聞順德者昌逆德者亡兵出無名事故不成明其為賊敵乃可服項羽放殺其

主天下之賊也夫仁不以勇義不以力大王宜率三軍爲素服以告諸侯而伐之於是王爲義帝發喪告諸侯曰天下共立義帝今項羽放殺之寡人親爲發喪兵皆縞素悉發關中兵收三河士南浮江漢以下願從諸侯王擊楚之殺義帝者

錄曰兩漢四百二十年之天下其宏綱大義昭如日星者端在此舉惜乎昭烈之討不出此也夫明其爲賊敵乃可克此天下之大機也項之與曹聲勢後先相望邦之與備當時本非敵手然邦能名羽爲賊而備不能聲操之罪何邪夫君與后義相等也方操弑伏后時備果能倡大義發喪制服正其大逆之罪明其無赦之誅然後興兵討伐天下之不響應曹

氏之不歛手者幾希矣此祖孫一轍也而董承者區區以帝衣帶中密詔與備謀誅曹操爲言嗚呼密之云然豈爲人上之語哉然則三國之董異於三老之董明矣雖然承無足責獨是當時有孔明號知大體顧乃昧於事機徒以漢賊不兩立之言表於散關之疏亦無益矣至朱子修綱目直書弑后其義始明豈非千古遺恨哉

按兵有先聲而後實者三老之言皆先聲也所言本之所學當春秋戰國譎詐相傾之餘而能辭嚴義正不涉陰謀秦漢之交允稱第一人物若登而用之漢家制度必有可觀成周禮樂諸大典散佚未久庶幾講求可復惜乎漢高

慮不及此止用其言不用其身而神龍一見亦遂潛隱無跡迄今并其名亾之矣夫懷才抱德之人世恆不乏但不遇其時則不輕出卽遭逢運會一見英主而用之不誠不專亦不肯輕身委贄乃言旣有效竟愸然棄之如遺雖抱經綸之猷黼黻之具惟有卷而懷之山巔水涯何在不可以依托也故尹無三聘尚不後車則渭之釣夫莘之田叟槁項黃馘烏能自拔流俗聲施後世哉

漢書高祖不修文學而性明達好謀能聽自監門戍卒見之如舊初順民心作三章之約天下旣定命蕭何次律令韓信申軍法張蒼定章程叔孫通制禮儀又與功臣剖符作誓丹書鐵券

金匱石室藏之宗廟雖日不暇給規摹弘遠矣
錄曰所謂規摹弘遠固可以見秦與新之失矣夫寬與簡天之道也秦之與禁容若不容新之篡更制若不及至於衡石程書不遑假寐此於天下之事無復漏網之虞矣而不知天之道不若是瑣屑也今夫天洪者纖者高者下者無乎不容然而未嘗爽其則也人君法天以爲道操者縱者予者奪者亦無乎不有然而未嘗枉其度也秦罷封建新限王田計較錙銖毫末之間而不知土崩瓦裂無伺寸寸而解也太史公亦以承敝易變使人不倦善觀人者矣
文帝二年詔曰人主不德天示之災以戒不治朕下不能治育

羣生上以累三光之明不德大矣令至其悉思朕之過失及知見之所不及匄以啟告朕及舉賢良方正能直言極諫者以匡朕之不逮

錄曰此直言極諫之始於是賈山上疏名曰至言然山之言謂之直可也謂之至則未也其借秦爲喻彼以爲殷鑒而不知帝之敬天勤民愛人惜費廣言路崇謙讓杜興作卻貢獻其存心可槩見山之所喻皆非帝之所短也當時廷臣溺於秦之忌諱一旦睹此遂爲之贊名曰至言以今觀之帝之所短在於不能止至善乃安於卑近忽於賢聖此非小失也好言黃老清淨而不知君子無所不用其極何怪乎馳騁射獵

以爲娛擊兎伐狐以爲樂哉苟得伊傅周召之徒與之坐而論道吾見敬之如神明信之如筮龜安在修之於家而壞於天子之廷乎雖然上之所求者賢也下之所應者學也山未能爲醇儒而欲其知王道哉

賈誼上疏曰臣竊惟今之事勢可爲痛哭者一可爲流涕者二可爲長太息者六若其他背理而傷道者難徧以疏舉進言者皆曰天下已安已治矣臣獨以爲未也曰安且治者非愚則諛皆非事實知治亂之體者也夫抱火厝之積薪之下而寢其上火未及然因謂之安方今之勢何以異此

錄曰文帝一時有二賈洛陽之賈非潁川之賈比也不惟其

言皆當時之切要其摭摘秦事實中漢之膏肓不可救藥者也雖然爲國以禮其言不讓夫子猶且哂之大廷甫臨遽爲痛哭流涕長太息未免動之不以禮未善也

夫樹國固必相疑之勢下數被其殃上數爽其憂非所以安上全下也欲天下之治安莫若衆建諸侯而少其力力少則易使以義國小則亾邪心令齊趙楚各爲若干國使其子孫以次受之分地衆而子孫少者建以爲國空而置之須其子孫生者舉使君之一寸之地一人之衆天子無所利焉誠以定治而已

錄曰厥後鼂錯主父偃之議皆本於此特景帝不善用而致亂武帝善用而致效其實生之發端也夫文帝可爲之時也

去分封未遠大國之王老者已耄弱者未壯朝廷所置傅相方握其柄誠以此時潛分七國之勢默奪諸侯之權可不勞餘力也失此不圖卒致破斧鈇斨之慘然則芸及覬覦之俞豈年少而迂哉大抵漢初創制未有若封建之倉卒者周禮有大小宗之議有祖禰廟之別本宗百世爲天子支庶百世爲諸侯别子百世爲大夫然則衆建諸侯斯其常分安有身爲王者支庶爲匹夫富者五十城或七十城貧者無立錐之地此非但勢有難通亦理之所不順也以帝之明孝博愛不能講求其故幸而誼開其端不竟其說絳灌又從而非之然則生之不遇豈非天哉

按樹國固必相疑此叔世猜忌之言非盛時立制本意也詩云宗子維城無俾城壞無獨斯畏是則惟恐其不固惟固然後能爲藩爲翰而承流宣化布上德以達下情如臂之運指號令朝發而夕可徧乎萬里故天子千里則大國不過百里雖曰强幹弱枝其實等級隆殺合當如此非計及於他而故爲輕重若以固而致疑則莫如竟不封建豈明王親親尊賢之道哉况井田學校封建原相表裡有井田則里甸均甲兵具一成一同犬牙相錯而不混大小相維而不撓有學校則諸侯卿大夫士之冑子庶子皆有修齊誠正之功施諸家國天下循是不變君明臣良家給人

足安所得疑貳之端萌於其間哉自秦廢封建漢始復之卽有七國之變後人不深維情事徒歸咎於地大無制一切苟簡非復先王之舊甚至衆口同聲謂封建必不可復輙引文景往事爲鑒夫秦廢封建二世而亾則洵乎城壞而獨可畏也何不以是爲鑒而必以漢之偶變爲鑒邪是亦不思而已矣

商君遺禮義棄仁恩并心於進取至今因恬而不知惟夫移風易俗使天下回心鄉道類非俗吏所能爲也俗吏之所務在於刀筆筐篋而不知大體陛下又不自憂竊爲惜之

錄曰夫古之人所以必旌别淑慝表厥宅里必彰善癉惡樹

之風聲必殊厥井疆俾克畏慕者豈好爲是紛紜哉誠以商俗靡靡餘風未殄雖當重熙累洽之後不忘敝化奢麗之非一則曰邦之安危惟茲殷士二則曰驕淫矜誇將由惡終而周公君陳畢公更三聖賢保釐一方然後知移風易俗之難也漢之興也始以馬上得終以刀筆治襲秦維霸無乎不有甚者牽於黃老安得不動生之痛哭哉苟有成康之心求懋德克勤之老以養其垂拱仰成之功猶恐不及乃羣然以年少初學目之幾何而不長太息乎

筦子曰禮義廉耻是謂四維今四維猶未備也故姦人幾幸而衆心疑惑必如今定經制使君君臣臣上下有差父子六親各

得其宜姦人亾所幾幸而羣臣衆信上不疑惑

録曰莞子吾徒所羞稱也尚知禮義廉耻國之四維何以堂堂聖人之徒反不知乎夫姦人之幾幸自古然也寵利之所在威權之所歸若蠅之無數而趨蟻之不約而赴況人君號召附翼之乎由是蕩然無復界限矣葢國之所以爲國者人而其所以爲人者心古之聖王欲人心截然歸之乎正曉然齊之乎一而後道洽政治民罔不率苟無執守維持之道天下貿貿焉莫知所從則人欲肆而天理滅此西都經制不立必致王莽之禍而後莞之言始驗然則莞子豈眞愚人哉

爲人主計者莫如審取舍取舍之極定於內而安危之萌應於

外湯武廣大其德行六七百歲而弗失秦王治天下十餘歲則大敗此亡他故矣夫天下大器也置諸安處則安置諸危處則危湯武置天下於仁義禮樂秦王置天下於法令刑罰此天下所共見也非其明效大驗邪

錄曰孟子言矢人豈不仁於函人故術不可不慎此所謂術即取舍之義也湯武置天下於仁義禮樂者惟恐傷人也秦王置天下於法令刑罰者惟恐不傷人也原其初豈誠性有善惡哉差之毫釐繆以千里此爲治者可不汲汲審所尚乎夫以好惡形於中而後取舍定於內聖人所以心溥萬物而無心情順萬物而無情者誠以好惡之不可徇也所好或私

於一天下靡然趨之所惡或陷於偏天下羣然向之帝非不知仁義法令之美惡特以惑於他岐無自固之志誼寧無見而云然也使帝誠有所擇以更制則善以立法則順亦何所憚而不爲哉惟不審定取舍則祇見言之多事矣

按經術本於學問賈生此言先仲舒而得真傳者也夫置天下於仁義禮樂則心之所注身之所履言之所發事之所推無一不在是由是而下民觀感興起君臣父子尊卑有差上下長幼各得其序六行備四維張化成久道俗易風移即有小變故而大器不撓措置之方孰安於此若舍是而專以法令刑罰從事則網密於秋荼法嚴於束濕刻

深促廹無旦夕之寬閒有手足而莫措尚可一朝居乎漢文美質超絕百王然所喜者黃老之學而生所言未免不克究用以漢文之賢遇賈生之才尚格格不入況以不醇之術施諸庸闇之朝哉

武帝元年詔舉賢良方正直言極諫之士上親策問古今治道廣川董仲舒對曰臣觀天人相與之際甚可畏也自非大亾道之世天盡欲扶持全安之事在勉彊而已勉彊學問則聞見博而知益明勉彊行道則德日起而大有功道者所由適於治之路也仁義禮樂皆其具也

錄曰此天人首策也其曰勉彊者即中庸其次致曲通大賢

以下而言也自漢以來學者鮮能知之仲舒下帷發憤潛心大業所得於勉彊者居多故大廷之際首以爲對非若後世摭拾陳言不切實學者比也而帝方逞其雄畧直欲爲誇古邁今之務區區勉彊行道豈肯甘心效之哉抑以賈董而遇漢之文武董之勉彊可行於柔克之君而生之通達宜施於大畧之主奈何天不曲成捘非所入徒使百世之下誦其言思其人論其世惜其主吁可慨也夫

古之王者南面而治天下莫不以教化爲大務立太學以教於國設庠序以化於邑漸民以仁摩民以義節民以禮故其刑罰輕而禁不犯者教化行而習俗美也

錄曰自秦而後心學澌滅殆盡仲舒舉以爲言誠漢廷之指南也惜乎武之多欲而以正心按之猶轅之北而望其車之南夫是而莫之省也宋藝祖方知此論曰古之爲君鮮能正心自致無過之地朕夙夜畏懼防非窒慾庶幾以德化人之義斯言也可與之論正心以正朝廷矣而有宋一代之治陰陽調風雨時羣生和萬物殖仲舒之言孰謂果無驗邪

臣聞聖王之治天下也爵祿以養其德刑罰以威其惡故民曉於禮義而耻犯其上今陛下并有天下而功不加於百姓者殆王心未加焉曾子曰尊其所聞則高明矣行其所知則光大矣高明光大不在乎他在乎加之意而已

錄曰此二策也夫以人主之尊至屢再問則其意可知矣仲舒不能變易其說益以尊所聞行所知爲對白黑薰蕕何相若哉此其所以悠然可想非若杜欽谷永之徒挾其私智逞其詐說則就一言而可知何待再屢而後變邪

春秋大一統者天地之常經古今之通誼也今師異道人異論百家殊方指意不同是以上無以持一統法制數變下不知所守臣以爲諸不在六藝之科孔子之術者皆絶其道勿使並進然後統紀可一而法度可明民知所從矣

錄曰此三策也夫仲舒之所陳堯舜三代相傳之道也帝之所好權術功利文辭之言也而丞相所奏罷則又申商韓非

蘇張之說也斯三者奚啻風馬牛之不相及哉必欲黜百家
尊孔氏曷不用仲舒之策乎勉彊學問行其所知則異端邪
辟之害自息而高明光大之效日臻矣舍眞儒而遠之而莊
助司馬相如東方朔枚臯輩並居左右安在其崇此抑彼邪
然則帝之所謂儒可知矣

按賈董二子實開兩漢儒者之先漢家三百年諸儒所不
能幾及者然二子之學亦各有異賈近高明而董近沉潛
若在聖門其游夏之倫乎夫以恭儉仁慈之文帝必喜篤
實方正之士好大喜功之武帝務求明作有爲之才設使
董子而值孝文則以崇禮之問學而遇敦厚之德性開陳

輔導積漸變化必能發強剛毅奮然感興進於成康之治不難矣使賈生而值孝武則以廣大之德性而加以精微之問學弘宣制作損過就中亦或能節其多欲之念以實仁義之施未必至窮兵後悔也奈何生時相左以致吝遇不終雖各外示優禮其實拖紳巖陛之間無幾何時安望其罄抒所學而見之行事哉此漢治所以雜霸非獨人事若亦有天意焉耳

時帝方招致文學儒者而汲黯爲人性倨少禮嘗面折曰陛下內多欲而外施仁義奈何欲效唐虞之治乎上變色謂左右曰甚矣汲黯之戇也時公卿皆爲黯懼至有數黯者黯曰天子置

公卿輔弼之臣寧令從諛承意陷主於不義乎且已在其位縱
愛身奈辱朝廷何

錄曰武帝能容黯而不能容顏異者以名利之交勝也夫嘉唐虞樂殷周者豈正言之可諱哉非樂而取之不得已也窮奢侈極嗜慾者豈交征之可辭哉非刑而威之不可得也是故多欲之言雖洞中其心而反唇之譏實害於其政此或誅或否之所以異也

征和四年帝下詔深陳既往之悔曰有司奏請遠田輪臺欲起亭隧是擾勞天下非所以安民也朕不忍聞當今務在禁苛暴止擅賦力本農由是不復出軍而封田千秋爲富民侯以明休

息富民之意

錄曰輪臺罪已之詔與奉天罪已之詔同乎曰不同武帝之悔發乎本心所謂人之將死其言也善故能一洗舊染之汚以就維新之政也德宗之悟賴於陸贄所謂君子之德風小人之德草草上之風必偃故亦能反亂而爲治易危而爲安也自古言之動物聲之感人未有若斯之速者信乎風雲霜露變化莫測日月交蝕光輝難掩後之王者其可忽哉

宣帝典於閭閻知民事之艱難霍光既薨始親政勵精爲治五日一聽事自丞相以下各奉職奏事敷奏其言考試功能侍中尚書功勞當遷及有異善厚加賞賜至於子孫終不改易樞機

周密品式備具上下相安莫有苟且之意

錄曰有商賢聖之君所以六七作者以其舊勞於外也有周盈成之主所以善繼述者亦以所其無逸也蓋中人之情不見可欲則不能動所好不見可憎則不能違所惡帝雖高材好學使不與于閭閻安能知民事艱難吏治得失而侔德商周乎此非但生於憂患而玉汝於成天心益可見矣

時丙吉魏相並爲丞相相好觀故事數條漢興以來國家便宜行事及賢臣賈誼晁錯董仲舒等所言奏請施行之敕掾吏按事郡國及休告從家還至府輒白四方異聞與吉同心輔政吉尙寬大好禮讓不親小事時人以爲知大體爲之語曰高祖開

基蕭曹爲冠孝宣中興丙魏有聲後之相者莫及

録曰漢自蕭曹以後所置丞相多故舊功臣及材官武夫目不識文藝口不談詩書而公孫弘輩又反曲學阿世獨魏相起自賢良高第以嚴毅稱遭際孝宣遂能白去副封諫止征伐收霍氏之權遏滔天之勢向使賈董遭際如此豈負於漢哉惜乎我躬不閲我後反行其議是以君子恆患言之不立不患言之不行非特丙魏之有聲抑亦賈董之吐氣乎

按宰相之職四方是維天子是毗使恃一己之耳目竭一己之心思縱極焦勞亦必有不周之處故必舉有德者輔君身有猷者居言責有才者任庶官合天下之心思耳目

相助相成朝野兼善相臣雖斷斷無技而功必首推之故户牖多智而用交驩之策房杜稱賢而分謀斷之能曹參擇術於葢公仁傑儲藥於元澹自昔相臣非專自用此好善之量所以能優於天下也觀魏相以賈董陳說奏請施行洵得大臣公忠之體豈自高自足之輩可同日語哉雖然上求前代勿謂近今無人也鄭昌删定律令之陳王吉裁抑外戚之論善言而不能進用廣漢廉明威制之吏寬饒剛直公淸之臣濫刑而不能捄止何其貴耳賤目邪葢物以未見爲珍才以相形滋忌自昔爲然況當權勢之際乎

上以遠方賓服思股肱之美乃圖功臣于麒麟閣署其官爵姓名惟霍光不名曰大司馬大將軍博陸侯姓霍氏其次張安世韓增趙充國魏相丙吉杜延年劉德梁丘賀蕭望之蘇武凡十一人皆以功德知名當世是以表而揚之爲中興輔佐

錄曰麒麟閣之次蓋以擁立之功爲最而原其圖繪之意則以四裔賓服思股肱之美初不以蘇武之節操爲優劣也史謂誇示中國人才之盛則當武帝時殫心竭慮往往求泛駕之馬踶跐之材其所以爲使絕域之計至矣而李陵衛律紛紛降去求其十九年不變節者獨一子卿固足以歎中國人才之衰也使武生還於世宗之朝必待以不次之位奈何白

雁書遲黑頭變早此武之尼會非漢之得策劉又呼韓邪之方難邪經生億度之論類非熟知當日情事者爾

成帝未卽位時值中山王薨前弔不哀元帝忿之駙馬都尉史丹免冠謝上意乃解及帝寢疾數問尚書以景帝立膠東王故事時丹候上間直入臥內伏青蒲上涕泣言曰皇太子以適長立積十餘年名號繫於百姓天下莫不歸心若有動搖公卿以下必不奉詔臣願先賜死以示羣臣上感悟及卽位元延中故槐里令朱雲上書求見曰今朝廷大臣皆尸位素餐臣願賜尚方斬馬劍斷佞臣頭上問誰曰安昌侯張禹上怒曰小臣居下訕上廷辱師傅死罪不赦御史將雲下雲攀殿檻檻折雲呼曰

臣得從龍逢比干遊地下足矣左將軍辛慶忌免冠叩頭曰此臣素著狂直使其言是不可誅其言非故當容之上意解及後請治檻上曰勿易因葺之以旌直臣

錄曰史丹之伏蒲朱雲之折檻皆一時盛事而不知果孰爲得失也夫漢室之禍始於成帝王氏之簒成於張禹苟無史丹之諫必將易無斷之君漢之爲漢未可知也果行朱雲之言必將斬佞人之首王之爲王亦未可知也惜乎丹也諫行雲也檻折其行者可與立未可與權也其折者説而不繹從而不改也此則得失之所由分也

南陽鄧禹杖策追光武及鄴光武曰我得專封拜生遠來寧欲

仕乎禹曰不願也但願明公威德加四海禹得效其尺寸垂功名於竹帛爾光武笑因留宿禹進說曰今山東未安赤眉青犢之屬動以萬數更始旣是常才而不自聽斷諸將皆庸人屈起志在財幣非有忠良明智欲尊主安民也明公素有盛德大功爲天下所嚮服爲今之計莫如延攬英雄務悅民心立高祖之業救萬民之命以公而慮天下不足定也光武大悅

錄曰夫人誰不願垂功名於竹帛哉亢旱爲災則神龍困踣網罟不除則瑞麟罹殃文叔不舉則南陽草莽爾何以能效其尺寸邪禹年甫二十四乃能洞曉大計非草茅一介之士可比至於在德厚薄之言又黙契仁者無敵之旨然則生之

遠來豈真不欲仕乎將益信龍興而雲從麟至而瑞應矣其爲元功不亦宜乎

赤眉暴亂三輔郡縣大姓各擁兵衆光武遣馮異討之敕曰三輔遭王莽更始之亂重以赤眉岑彭之酷元元塗炭無所依訴將軍今奉辭討諸不軌降者遣其渠帥詣京師散其小民令就農桑壞其營壁使無復聚征伐非必畧地屠城要在平定安集之耳諸將非不健鬬然好勇掠卿本能御吏士念自修敕無爲郡縣所苦異受命引而西所至布威信羣盜多降

錄曰帝之敕馮異也不曰戒鄧禹之失而一意平定安集此可見爲救萬民之命矣夫禹之不能定關中其始無大失也

不乘迎刃之勢而爲持久之謀不假迅霆之威而信徇城之守豈知人心去留之機祇在信宿指顧間已乎及其終也以其忿兵羸卒幾墮虎狼之口則帝不戒敕之過也雖曰收之桑榆然而自求辛螫亦幸矣愚故謂昆陽之捷天心之幸效也赤眉之降人心之幸順也

按弓弩起於孝子刀劍本以辟邪即施於用兵蓋欲禁暴除殘原屬仁人之事故征以正不義爲文伐以討有罪而止豈欲威示天下誇耀赫濯聲靈哉春秋猶存此意觀屈完來而次召陵鄭莊服而退三十里以至郤至問弓韓獻執縶客邇敵人猶申禮敬故王者出師必先開布恩信曲

致招徠不必於屠城畧地此以德懷遠之義也光武此言
本不嗜殺人之誠而所見者大所及者遠所以得天下之
道在斯一語乎苟徒務鬬勇角力一矢加遺勝負之權未
知誰屬若三旬而始下一邑再舉而乃殄一寇彼此互有
殺傷所得不償其失甚至坑殺已降屠城流血欲救民而
反殃民爲除暴而反易暴仁人有作其不服上刑也幾希
帝長於民間頗達情僞至天下已定身衣大練色無重綵耳不
聽鄭衞之音手不持珠玉之玩宮房無私愛左右無偏恩以其
手蹟賜方國者皆一札十行細書成文勤約之風行於上下故
能內外匪懈百姓寛息又帝每旦視朝日昃乃罷數引公卿郎

將講論經理夜分乃寐雖以征伐濟大業及天下旣定乃退功臣進文吏明愼政體總攬權綱舉無過事故能身致太平

録曰易之小過曰小過亨利貞夫震者高明光大首出庶物之資也過者思患豫防救偏補弊之政也帝本生於民間遭式微之運其矯枉蓋有時而當然且能不失其貞正是可爲人主之嘉尚矣若北宋本以安石惇卞之徒而致亂高宗南遷復任黃潛善汪伯彥秦檜諸人不以爲過此則飛鳥以凶不可如何也如是而不足責矣

明帝永平三年帝思中興功臣乃圖二十八將于南宮雲臺以鄧禹爲首次馬成吳漢王梁賈復陳俊耿弇杜茂寇恂傅俊岑

彭堅鐔馮異王霸朱祐任光祭遵李忠景丹萬修蓋延邳彤姚期劉植耿純臧宮馬武劉隆又益以王常李通竇融卓茂合三十二人馬援以椒房之親獨不與

錄曰歷觀雲臺諸將其謀謨氣象似不及西京元功而能成葢世之業何也葢高帝善將將光武善將兵豁達大度者將將之術也才明勇畧者將兵之本也是故背水之陣雖高帝不能知而昆陽之戰光武所由取勝借箸之謀非張良不能决而聚米之畫光武見於目中使高帝而逢寇鄧未必遽收桑榆之功光武而御韓彭未必能成垓下之績此兩漢之將逢時遇主各有不同而其成功則一者也

按世每以高光並稱因當時馮援對隗囂言帝濶達多大節畧與高帝同及見帝時亦云然故耳然二帝有相類處有相反處亦有過不及處高帝入關除秦苛法光武至河北除莽苛政復漢官名高帝過魯以太牢祠孔子光武初起太學親臨視之懷王諸將謂沛公素寬大長者銅馬諸盜亦謂蕭王推赤心置人腹中皆規摹弘遠所以開兩漢之盛悉由於此此相類者也高帝以馬上治天下而嫚罵儒士光武博覽經學政事文辨前世無比光武明見萬里而高帝躡足附耳光武謝西域拒北伐而高帝結和親圍平城此相反者也高帝能拒䊵第之私而不易太子光武

早美麗華之美而竟廢郭后則視高帝爲莫及矣蓋二帝爲創業繼統之令主然一起亭長一起宗室天人之際本自不同故高帝雖節目疎濶而大體不虧光武雖品節詳明而大端多缺至不任三公身親簿書期會之事劣於西京之任相者多矣故前漢三傑稱首而元功止十八人東京則二十八將猶若不足焉蓋舜五臣武十亂之分因人以考其世亦畧有可見者乎

諸葛亮出師表曰今天下三分益州疲敝此誠危急存亾之秋也宜開張聖聽以光先帝遺德恢弘志士之氣不宜妄自菲薄引喻失義以塞忠諫之路宮中府中俱爲一體陟罰臧否不宜

異同夫親賢臣遠小人此先漢所以興隆也親小人遠賢臣此後漢所以傾頹也先帝知臣謹慎故臨終寄臣以大事受命以來夙夜憂勤恐付託不效故五月渡瀘深入不毛今南方已定甲兵已足當奬帥三軍北定中原願託臣以討賊興復之效不效則治臣之罪陛下亦宜自謀以咨諏善道察納雅言深追先帝遺詔今當遠離臨表涕泣不知所云

錄曰亮之忠貞而可少哉夫可輔則輔之不可則君自取此昭烈知子之明非故嘗之以術也追先帝之殊遇欲報之陛下此武侯卓絕之見斷然殉之以義也以董袁曹馬之徒接跡於前而有二表之自誓譬則妖槍枉矢之变流而景慶瞠

乎其貫岀也頑冥淫毒之騰作而日月焕然其光明也其曰宮中府中俱爲一體不但家人骨肉之相語而實後主存亾之所關也曰親賢臣遠小人亦不但切近殷鑒之當慮而實萬世治亂之所由也曰咨諏善道察納雅言又不但生前至計之所望而實死後漢業之所終也故曰孔明三代人物管仲樂毅不足論矣

後出師表曰先帝深慮以漢賊不兩立王業不偏安故託臣以討賊固知臣才弱敵强然不伐賊王業亦亾惟坐而待亾孰與伐之是故託臣而弗疑也而議者謂非計今賊適疲於西又務於東兵法乘勞此進趨之時也高帝明並日月謀臣淵深然陟

險被創危然後安今陛下未及高帝謀臣不如良平而欲以長計取勝坐定天下此臣之所未解也夫難平者事也昔先帝敗軍於楚當此之時曹操拊手謂天下已定然後先帝東連吳越西取巴蜀舉兵北征夏侯授首此操之失計而漢事將成也然後吳更違盟關羽毀敗秭歸蹉跌曹丕稱帝凡事如是難可逆見臣鞠躬盡瘁死而後已至於成敗利鈍非臣所能逆覩也

錄曰亮言操之用兵髣髴孫吳而二表所陳無一奇謀秘策獨以兵法乘勞爲今之計亮豈未之思邪夫有不自滿假之成湯而後鳴條之師可措有無貳爾心之武王而後鷹揚之勇可施以禪爲君而亮爲輔以叡爲敵而懿爲臣譬則俑而

引之者堯也羊而牧之者狠也豈可以爲理哉然而漢賊不兩立王業不偏安煌煌大義不可不聞於天下及至鞠躬盡瘁死而後已亮之心已知其無能爲矣此其堂堂侃侃自非孤媾狗趨僥倖成功者比也

按亮後表於帝曰成都有桑八百株薄田十五頃子弟衣食自有餘饒不別治生以長尺寸臣死之日不使內有餘帛外有贏財以負陛下議者謂其慮黃皓之徒後欲更張媒櫱其短有伏波薏苡之謗故預爲此言耳豈知人臣不能爲國以有其身不能致身以有其私心僅方寸而私蓄其中其餘幾何以此立身身敗以此事君君負以此謀國

國亂以此治軍軍懈卽才極其大智極其周或足顛倒一世其究不過爲餘帛贏財之人而已當蜀地褊弱主闇臣庸一無可恃惟恃終始無私足以上結主知下慰輿望內固軍心外生敵懼純純懇懇至於將死而皭然有以自明此先儒胡文定所以稱爲眞大丈夫也古今忠良之臣代有孔明功不必成志不必就而尙論者獨無訾議豈非無私之至有以感之邪彼夫無孔明盡瘁之忠而侈然餘帛積篋篚贏財充筦庫者何謂也

唐書張蘊古直中書省上大寶箴曰今來古往俯察仰觀惟辟作福爲君實難是以聖人受命拯溺亨屯歸罪於已因心於民

至明無私照大公無私親故以一人治天下不以天下奉一人禮以禁其奢樂以防其佚勿謂無知居高聽卑勿謂何害積小就大衆棄而後加刑衆悅而後行賞弱其強而治其亂伸其屈而直其枉故曰如衡如石不定物以限物之懸者輕重自見如水如鏡不示物以情物之鑒者妍媸自生勿渾渾而濁勿皎皎而清勿汶汶而闇勿察察而明雖冕旒蔽目而視於無形雖黈纊塞耳而聽於無聲縱心乎湛然之域遊神於至道之精知之者應洪纖而效響酌之者隨淺深而皆盈故曰天之經地之寧王之貞四時不言而代序萬物無爲而化成豈知帝力而天下和平吾王撥亂戡以智力民懼其威未懷其德我皇撫運扇以

仁風民懷其始永保其終爰述金鏡窮神盡聖使人以心應言以行包括治體抑揚辭令天下爲公一人有慶開羅起祝援琴命詩一日二日念茲在茲惟人所召自天祐之諍臣司直敢告前疑

錄曰自漢以後中更兩晉又歷六朝南北以迄於隋君臣大義視如匏繫瓠落諍臣司直杜口斂迹久矣有唐初興闢乾揭日始知爲君不易而大寶一箴得見嘉納亦可謂罕覯其遇矣雖然謝偃與蘊古同時事主而謝以頌諛張以諷諭雖一時賜帛相同而蘊古究以切直被戮可見天下爲公之難而使人以心應言以行之不可得與

通鑑太宗益親魏徵或告徵私其親戚上使溫彥博按之無狀彥博言於上曰徵不存形迹遠避嫌疑心雖無私亦有可責上令讓徵徵曰臣聞君臣同心是謂一體宜相與盡誠若上下但存形迹則國之興衰尚未可知臣不敢奉詔上瞿然曰吾已悔之徵再拜曰臣幸得奉事陛下願使臣爲良臣勿爲忠臣上問忠良有異乎曰稷契皐陶君臣協心俱饗尊榮所謂良臣龍逢比干面折廷爭身誅國亡所謂忠臣上悅

錄曰魏鄭公之學蓋出於河汾者也而其言無一及於身心何也稷契皐夔豈徒君臣協心而已哉上而父父子子下而兄兄弟弟內而夫夫婦婦無不各得其所故能安享榮名萬

古不替太宗之世父子易常兄弟違序夫婦亂倫祇在於賞罰進退之間科條號令之設此正張蘊古所謂民畏其威未懷其德者也何足以語唐虞三代乎其所謂忠良之道亦君臣徒取美名觀者當辨其眞可耳

魏徵疏言人主善始者多克終者寡蓋以殷憂則竭誠以盡下安逸則驕恣而輕物今主誠能見可欲則思知足將興繕則思知止處高危則思謙降臨滿盈則思抑損遇逸樂則思撙節在宴安則思後患防壅蔽則思延納疾讒慝則思正已行賞罰則思因喜而僭施刑罰則思因怒而濫兼是十思而選賢任能固可無爲而治又何必勞神苦體以代百姓之任哉

錄曰徵之說善矣惜乎無以及聖功之本也心之官則思心之爲用何止於十思矧一日二日萬幾而可以數限之哉惟於不睹不聞之前莫見莫顯之際一以守之靜以持之葢一則無始無始則物不能閒靜則無擾無擾則心恒有主雖千慮必得而又何待十思邪夫見可欲者耳目之官也思知足者心之官也既見可欲則已交於物矣物交物而後措之思能不爲所引哉此古人格心之業易而徵十思之效難與

徵復上十漸疏曰貞觀初清靜寡欲化被方外今萬里遣使市索駿馬并訪珍怪此一漸也貞觀初護民之勞煦之如子不輕營爲頃既奢肆思用民力二漸也貞觀初役已以利物比來縱

欲以勞人三漸也貞觀初親君子斥小人比來君子恭而遠之
小人狎而近之四漸也貞觀初不貴異物不作無益而今難得
之貨雜然並進五漸也貞觀初求士如渴取其所長常恐不及
比來由心好惡以衆賢舉而用以一人毁而棄六漸也貞觀初
高居深拱無田獵畢弋之好今晨出夕返馳騁爲樂七漸也貞
觀初遇下有禮羣情上達今外官奏事顔色不接間因所短詰
其細過八漸也貞觀初孜孜治道常若不足比恃功業之大負
聖智之明無事典兵遠裔九漸也貞觀初頻年霜旱畿内戸口
並就關外攜老扶幼卒無亾去比者疲於徭役關中之人勞敝
尤甚十漸也疏奏帝曰朕聞過矣以所上疏列爲屏幛兼錄付

史官使萬世知君臣之義

錄曰何謂始敬勝怠義勝慾也何謂漸怠勝敬慾勝義也夫周武唐宗其初何以異邪而究之大不同者漸也雖然微之說切中萬世人心之病帝既錄付史館以彰君臣大義而旋復違之屏幛几席不殊於昔時黃金廐馬失笑於他日然則不但漸不克終亦已頓忘其初矣

上思佐命功乃命工圖趙公長孫無忌趙郡元王孝恭萊成公杜如晦鄭文貞公魏徵梁公房玄齡申公高士廉鄂公尉遲敬德衛公李靖宋公蕭瑀褒忠壯公段志玄夔公劉弘基蔣忠公屈突通鄖節公殷開山譙襄公柴紹邳襄公長孫順德鄖公張

亮陳公侯君集鄭襄公張公謹盧公程知節永興文懿公虞世南譙襄公劉政會莒公唐儉英公李世勣胡壯公秦叔寶等于凌煙閣凡二十四人

錄曰凌煙閣之圖繪而不及裴寂劉文靜何也季布漢之仇也而反赦免丁公漢之恩也而反被誅英主之所見夫豈殊哉是故王魏仇也忠於主則雲龍並美裴劉恩也背於義則圖繪爲羞觀此寧不知所尚乎

天寶初姚元之爲兵部尚書知帝銳於爲治乃先設事以堅帝意曰垂拱以來以峻法繩下臣願政先仁恕可乎朝廷覆師青海未有牽復之悔臣願不倖邊功可乎比來壬佞冒觸憲網皆

得以寵自解臣願法行自近可乎后氏臨朝喉舌之任出閹人口臣願宦豎不與政可乎戚里貢獻以媚上公卿方鎮漸爲之臣願租賦外罷絶之可乎外戚貴主更相用事班序荒雜臣願戚屬不任臺省可乎先朝褻狎大臣虧君臣之嚴臣願接之以禮可乎燕欽融韋月將以忠得罪自是諍臣沮折臣願羣臣皆得批逆鱗犯忌諱可乎武后造福仙寺上皇造金仙玉真二觀費鉅百萬臣願絶道佛營造可乎漢以祿莽閻梁亂天下國家爲甚臣願推此監戒爲萬代法可乎帝曰朕能行之

錄曰孟子曰惟大人爲能格君心之非明皇當初政時其氣鋭矣其心未可知也崇能先事以格其心使不正者卒由於

正庶幾無鮮終之悔今觀其十事皆一時用人行政之失而格心之要曾無片語及焉且要說者約其必可施行而後言之亦異乎責難於君者矣厥後尊倖邊臣專寵女艷恣權宦戚極意奢侈幾至亾國鮮不蹈崇之言果何益哉以是知孟子一言似迂而實切崇進十事似切而實迂也

宋璟爲相務在擇人隨材授任刑賞無私敢犯顏正諫上甚敬憚之突厥默啜爲患朝廷旰食郝靈荃得其首自謂不世功璟以天子好武功恐好事者競生心僥倖痛抑其賞逾年始授郎將靈荃痛哭而死時姚宋相繼入相崇善應變時務璟善守法持正二人志操不同然協心輔佐使賦役寬平刑罰清省百姓

富庶唐世賢相前稱房杜後稱姚宋他人莫得與比

錄曰宋廣平可謂大臣也矣敬憚於二張降心於思勗憤死於靈荃難致於毛仲數者皆大臣事也使遇三代之主其得爲伊周之匹乎曰未也伊尹曰咸有一德周公曰思兼三王其所期何若也璟之設施止於復貞觀之舊是故立仗之馬未幾復斥而優人之譖旋踵輒行功業不終其以此與若乃擇人任官犯顏正諫皆彼相之可爲以是槩璟淺乎末矣

按有唐賢相姚宋與房杜並稱然房善謀杜善斷二人同心合德大體不殊若崇之與璟則其量有不侔者崇多權謀譎詐上陽之遷獨流涕以免五王之禍僞爲足疾以去

張説揣意對辭以諫魏知古至太廟屋壞璟言喪制未終不可行幸壞壓之變天以示警而崇則曰木積年而自蠹壞適與行會不緣行而壞其阿附如此璟性鯁正遇事無撓屢忤貴主倖臣內侍外戚而身名卒保殊非營營以人謀倖脫者其風規嚴整百折不少變豈崇所可及哉雖然崇曉暢吏術長於應務止武后之濫刑滌泰陵之弊政開元太平之盛實崇柄國之效居多至若臨終戒子屏斥釋氏見解獨超開昌黎之先足覘智識高人處而不求邊功一念與璟不賞郝靈荃所見正合君子著其功而不問其隱雖道不同同歸於義宜乎兩賢之並稱也

韓休爲黄門侍郎同平章事休爲人峭直不干榮利及爲相甚允時望守正不阿上或宫中宴樂及後苑遊獵小有過差輒謂左右韓休知否言未終諫疏已至上嘗臨鏡黙然不樂左右曰韓休爲相陛下殊瘦於舊何不逐之上曰吾貌雖瘦天下必肥蕭嵩奏事嘗順旨既退吾寢不安韓休嘗力爭既退吾寢乃安吾用韓休以爲社稷非爲身也

錄曰明皇左右以相韓休爲瘦則必以相林甫爲肥矣夫帝之瘦非以天下也以美色不足視於目聲音不足聽於耳便佞不足使令於前也一旦而得太眞之豐艷祿山之傾巧霓裳羽衣之妖淫則悠然適意能不心廣體胖乎卒之流蕩忘

返刼遷播越當不烕而自瘁矣然則臨鏡之嘆所以兆聞鈴之悲乎故貌瘦天下肥者虛名也貌肥天下瘦者實禍也

帝千秋節羣臣皆獻寶鏡張九齡曰先帝有言以銅爲鑑可正衣冠以古爲鑑可見興替以人爲鑑可知得失乃述前代興廢之源爲書五卷一興邦建業二選文備武三報國復興四盡命報國五去古樸進新美名千秋金鑑錄上賜褒諭

錄曰史稱金鑑錄九齡就中書焚藁付於韓宋二壻之後閱千餘年方布人間今得而讀之淵哉斯言葢不但識一祿山而當時共禍之人皆識之豈徒鑿於興亾而并精於物理所謂別物如鑑者非泛然爲之錄也其曰安祿山者野猪之精

腹垂過膝史思明者鴟鳥之精脇生兩羽楊貴妃者白鷴之精指爪純赤復有木子雙木木易行金又曰匪兕匪虎東傾西舉妖舞精語宮室禾黍又曰陛下治國日久仁心漸希忠諫爲仇諂佞相守羊鯉浮游羊謂國忠鯉謂林甫椰揄並進國破家亾悔當思舊又曰主上淚灑巴山艱行蜀道恩已變仇方慕愚直時開元極盛天寶未終何以豫知蜀道之難靈武之易邪此不特照人之形而實照人之心不但鑑一時得失而實鑑兩世興亾矣世安得如齡之先見而與之論理亂乎哉

按中庸言至誠之道可以前知惟誠則明明則無所不照故孔子敘書而獨存秦誓刪詩而不遺秦風繼周之意瞭

然可見金鑑一錄史但言其類集古事以鑑賢否不聞羅列當時人物故作隱語也果如錄中所云則是天綱淳風讖緯術數之學非大君座右之箴矣從來文人託名僞作或竊其舊以爲己書或補其亾而逸姓氏如僞泰誓之類往往有之此錄出自千年後未必非贋本後之視前洞若觀火故作謎語圖掩人目爾不然曲江既能逆知後來君臣休咎不差累黍何以憂讒畏譏寓意羽扇賦以爲諷邪豈明於知人闇於料已哉正可即此而辨其不然矣

平原太守顔眞卿知安祿山將反因霖雨完城浚濠料丁壯實倉廩祿山以其書生易之及反牒以平原博平兵七千人防河

津眞卿拒之乃遣司兵李平間道聞奏朝廷知祿山反河北郡縣皆望風而靡上囂然歎息曰二十四郡曾無一人義士邪及平至上大喜曰朕不識顔眞卿作何狀乃能如是眞卿使親客密懷購賊牒詣諸郡由是諸郡多響應者

錄曰孔子曰上好義則民莫敢不服聖人爲此言以風示天下恒恐其隨風而靡也明皇之世好諛悅色大義掃地盡矣無怪乎二十四郡無一人義士也以是知三綱之大四維之重不可一日亾而唐虞之風動豈無當之迂談哉

常山太守顔杲卿起兵纔八日守備未完史思明引兵至城下杲卿晝夜拒戰糧盡矢竭城陷被執送洛陽祿山數之曰汝自

范陽戸曹我奏汝爲判官不數年超至太守何負於汝而反邪

杲卿瞋目罵曰汝本營州牧羊厮兒天子擢汝爲三道節度使恩幸無比何負於汝而反我世爲唐臣祿位皆唐有雖爲汝所奏豈從汝反邪祿山大怒咼之比死罵不虛口

錄曰愚觀顔氏二公豈但決死生於危廹之際哉葢以正有唐三百年君臣之義也夫自晉陽啟釁劉裴反隋天授輿周唐臣從諛有國百餘年來曾不知伏節死義爲何物聞二公之舉事若從天降若從地出雖身銼舌誅而名垂天壤直以跨軼隋而挽虐周也豈不偉哉

眞源令張巡起兵拒祿山令狐潮圍之于雍丘有大將六人白

巡言上存亡未可知不如降賊巡陽諾明日設天子畫像帥將士朝之引六將於前責以大義斬之乃以死士五百斫潮營潮益兵圍之巡使郎將雷萬春于城上與潮語賊弩射之面中六矢不動潮疑其木人使諜問之乃大驚遥謂巡曰向見雷將軍方知足下軍令然其如天道何巡曰君未識人倫焉知天道及城中食盡巡與太守許遠謀曰睢陽江淮之保障若棄去賊必乘勝長驅是無江淮也始與士卒同食茶紙既盡遂食馬馬盡羅雀掘鼠雀鼠既盡巡出愛妾殺以食士遠亦殺其奴然後括城中婦人食之繼以男子老弱人莫有叛者賊登城將士病不能戰巡西向拜曰臣力竭矣死當爲厲鬼以殺賊

錄曰巡之舍生取義而豈徒哉夫識見定而後中有主中有主而後事可濟功可成人倫盡時天理自見是故聞大唐之光復未聞賊運之克昌聞張許之若生未聞令狐之不死孰謂倉卒造次之際而非從容中道之時乎抑厲鬼之言非彭生豕立良宵介行之比也自古節烈之士其力可屈其志不可屈其身可隕其氣不可隕忠魂義魄雖無從以視聽而猶兒之反乃朝義之操戈若鬼神使之者安知其非厲邪唐能恢復故物究不能加戮於安史之軀也然則厲鬼殺賊之語果無其驗不可信邪

按巡遠始守雍丘衆纔二千繼守睢陽有衆六萬議者謂

糧食既罄卽當按隊出走縱民逃生若盡殺城中男婦以延殘喘較之羽屠咸陽起坑長平慘又過之恐當時未必有是事也夫江淮爲東南障蔽睢陽一棄則賊必引兵而南如入無人之境朝廷安所得全淮財賦以爲殄寇之資則是以一邑而全淮南之百城食千餘老弱而活億百萬之生命卽曰有之所得不既多乎獨恨賀蘭進明許叔輿之儔觀望不救以至城陷耳設力未竭而去義既有所不可迨日復一日而援兵不至饑久力憊卽驅民以出縱不爲賊得亦惟展轉溝壑而已與其死於賊毋寧死於國千餘人之氣至今如生也亾何三日而張鎬始至十日而賊

卽殞亾向使再得少延數日以持此城詎不成全功哉雖然巡遠可無恨也自天寶十五載正月起兵至德二載十月城陷三年之間更令狐潮尹子奇大小四百戰斬將三百殺賊十萬餘卽至民知必死坐待烹飪而終無二心自非內有貫日食昴之忠外具旋乾轉坤之用未易幾其萬一何可輕議之哉

郭子儀初爲上將擁兵程元振魚朝恩讒謗百端詔書一紙徵之卽日就道由是讒謗不行校中書令考凡二十四月入俸錢二萬緡府庫珍貨山積家人三千人八子七壻皆顯官諸孫數十人每問安不能盡辨頷之而已僕固懷恩李懷光渾瑊輩皆

出麾下雖貴爲王公常頤指役使趨走於前天下以其身爲安危者三十年年八十五而終

錄曰觀汾陽之出處將以繫唐室之安危也乃不以娟嫉則以讒間朝恩牵之於前元振引之於後而子儀曾無芥蒂何邪易曰否之匪人不利君子貞小往大來吉亨夫以肅代之世君子所不利也尙賴一人之命兼萬方之威得以成其濟否之志小往大來也出則有命無咎不出則包畜承順以是欲閑則閑俾散則散安往而不自得哉故安史之亂則一出吐蕃之寇則再出懷恩之難則又再出回紇之危則又再出向使忽於苞桑之戒狃於邪濫之羞知安而不知危知利而

不知害則身殆而國隨之豈大人之吉亨乎

德宗興元改元赦令既具帝以稾付陸贄使商討贄知帝執德不固乃上疏謂動人以言所感已淺言又不切人誰肯懷今茲德音悔過不得不深引咎不得不盡使天下聞之廓然一變若披重昏而覩朗曜乃下制曰朕長於深宮之中暗於經國之務積習易溺居安忘危澤靡下究情未上通事既壅隔人懷疑阻猶昧省己遂用興戎徵師四方轉餉千里賦車籍馬遠近騷然行齎居送衆庶勞止天譴於上而朕不寤人怒於下而朕不知馴致亂階變興都邑萬品失敘九廟震驚上累祖宗下負烝庶痛心靦貌罪實在予永言愧悼若墜泉谷自今中外書奏不得

更言聖神文武之號赦下人心大悦明年李抱貞入朝言山東宣布赦書士卒皆感泣臣見人情如此知賊不足平也
錄曰渙之六四曰渙有丘匪伊所思九五曰渙汗其大號誠以履非常之危者不可以常道安解非常之紛者不可以常語喻誠不至則物不感損不極則益不臻也德宗徒知天生李晟以爲社稷而不知人心感動賊不足平難至則思進忠言禍平則追仇讜論此所以雖能奔其機而得所願終不能渙其羣而就光大也惜哉
憲宗元和三年裴垍爲中書侍郎同平章事初德宗不任宰相細務皆自裁决上在藩邸心知其非及即位選擢宰相推心委

之嘗問垍爲理之要何先曰先正其心

穆宗長慶初嘗見夏州觀察判官柳公權書蹟愛之召爲右拾遺上問公權書何能如是之善對曰用筆在心心正則筆正上默然爲之改容知其以筆諫也

錄曰唐自太宗以來諫者多矣未有深探本原若裴垍之先正心公權之心正筆正者然憲宗不能正其終穆宗亦不得正其始何也曰心者理而已矣是以大學之道始於格物致知及於誠意正心其序不可紊其功不可闕裴柳能開其端而不能竟其要憲穆徒聞其論而莫能覺其非然則非窮其理亦何自而正其心哉

自元和末宦官益横人莫敢言文宗太和二年昌平劉蕡對策極言其禍畧曰陛下將杜篡逆之萌則君正位而近正人遠刀鋸之賤親骨鯁之直輔相得以專其任庶職得以守其官奈何以褻狎五六人總天下大政恐曹節侯覽復生於今日又曰忠賢無腹心之寄閽寺操廢立之權陛下何不戒其所宜戒憂其所宜憂塞陰邪之路屏褻狎之臣制侵陵迫脅之心復門戶掃除之役考官馮宿等皆歎服而畏宦官不敢取

錄曰以文宗之世而有蕡之直言譬如日食而鼓而馳而走雖與天無與亦諒其得已而不已之衷焉當時登上第者如李郃自謂顏厚上疏乞回臣所授以旌蕡直可見唐之士風

猶存義氣較之物論囂然而翩翩得志者相去何如哉
按蕡所指斥疏直訐忤故考官不敢取其所取之言皆冗龊常務得優調以去論者謂宿等闒茸畏葸有此佳士而不以上聞殊失進賢之義然言不敢取則是胸中猶知有妍媸好醜與人情不甚相遠特怵於禍患而違心置之如楊嗣復儕於仇士良之間而亦謬蕡爲風漢耳後世禁側日增瞻顧益甚則所取者亦不過冗齪一道而況貨利薰其心五色眩其目卽有醇無疵者尚不暇取不必取矣方之咨嗟嘆息而不敢取者相去奚啻霄壤邪然則千古而下當以宿爲蕡之知己尙何尤之有

宋史太宗謂宋琪曰世之治亂在賞當其功罰當其罪卽無不治謂爲餙喜怒之具卽無不亂卿等慎之又謂呂蒙正曰凡士未達見當世之務戾於理則怏怏於心及列位得以獻可替否當盡其所蘊言雖未必盡亦當僉議而更之俾協於道朕固不以崇高自恃使人不敢言也

錄曰人主之用在賞罰人臣之用在獻替太宗可謂達於治矣然以素所行事觀之豈盡然邪夫多遜之與趙普不並立者也帝苟愛普則先去多遜縱使貪戀賞罰一出於巳夫誰曰不可乃使交搆以傾廷美由帝之心在於廷美也然則不但餙喜怒之具無乃决得失之幾乎自柴禹錫告變而後今

日賞告密之功明日議堂吏之獄大小臣工豈無達當世之務者而太師王溥等七十四人阿諛曲從陷君不義曾是以爲協於道乎又不但崇高自恃已也

李沆爲人器度宏遠每侍曲宴太宗目送之曰李沆風度端凝眞貴人也眞宗問治道所宜先沆曰不用浮薄新進喜事之人此最爲先一夕遣使持手詔欲冊劉氏爲貴妃沆對使者引燭焚詔附奏曰但道臣沆以爲不可議遂寢

錄曰愚觀引燭焚詔之事未嘗不歎文靖之風烈也夫封還猶僅事補綴亦盛舉而況敢焚之乎非其見義之確然不易未有不以利害動其中者也且劉氏何爲者以其族則至微

也以其藝則至卑也以其姓則至遠也扁扁之石履之卑兮
帝寧不思邪而賦性警敏通曉書翰干政之漸肇基於此沆
之先見豈惟陰卻履霜之微而且明拒如綸之詔他日李廸
之不肯從諛楊億之不願草制是皆聞風而起者邪
帝以沆無密奏謂之曰人皆有密啟卿獨無何也曰臣待罪宰
相公事則公言之何用密啟人臣有密啟者非讒即佞臣嘗惡
之豈可效尤

錄曰自萋斐之風熾而交亂之禍成更未有如密啟之進者
其始也潛蹤秘跡既無人知其竟也出此入彼憑何執證奚
翅以薰為蕕變白為黑乎矧眞宗之世王欽若丁謂之徒交

相接踵帝所論沆直以若輩待之爾不知由君子觀之所處者光天化日之下猶恐一毫之曖昧肯自居於阿私之地耶惟夫小人之處已非便則利其待人非怨則苑利非佞莫進怨非讒莫入讒與佞人之所深惡也於是假託隱密之名以售其傾險之術然必激上有不可解之怒而伸其人有無從白之情蝮腸虎翼隨其所指而欺天罔人無乎不至由是聽不得不偏對不得不獨豈惟正人暗罹其害而朝綱明被其撓矣此沆之論誠萬代所瞻仰也

按密啟之法與武后四匭廣漢鉤箭相似彼無名氏可稽而此則實有人進者也武后事無足論至鉤箭則合一郡

所納參互以審别善惡意雖主於廣視聽然無辜中傷實繁有徒不離酷吏所爲故密啟告人過惡居多单詞片語或斥其身或加之罪則是明開蜚語之門甘受風影之捕被害者惘然不知其自致莫識所由來至死不白亦可哀矣大凡爲治者好言明察專以賞罰不測自矜如神之照而不知隱中讒夫毒流正士無論疎遠之人親信之舊皆惴惴焉虞不自保悉由密啟導之也識大體者可不思哉

張齊賢慷慨有大略每以致君爲志嘗從容爲眞宗言皇王之道而推本其所以然帝曰朕以爲皇王之道非有跡但庶事適治道則近之矣

錄曰大雅稱無然畔援眞宗殆未之思乎夫皇王者堯舜禹湯文武其道執中精一之傳也是故存諸心而爲天德達乎政而爲王道若書傳所陳敬天勤民與夫治人事神皆其實事何得爲無跡與借乎齊賢開端不竟徒以爲非常之報而不知典謨訓誥萬世經常之理原非虛無飄渺本有軌跡可循祇在日用常行之間而已厥後神道設教之言果符此論遂至矯誣飾詐無所不至而道之津岍邈乎遠矣

韓琦蚤有盛名臨事喜慍不見於色居相位再決大策以安社稷時朝廷多故琦處危疑之際知無不爲或曰公所爲誠善萬一蹉跌豈惟身不自保恐家無處所矣琦曰人臣當盡力事君

死生以之至於成敗天也豈可豫憂其不濟遂輟不爲哉其所
建請惟顧義之所在無適莫心與富弼並稱賢相
錄曰韓魏公之知無不爲孟子已先得之其曰有安社稷臣
者以安社稷爲悅者也釋者曰大臣之計安社稷亦如小臣
之務悅其君眷眷於此而不忘豈以安危利害動其心哉若
以安危利害動其心則不足與有爲矣
包拯性峭直剛毅爲政務敦厚雖嫉惡如仇而未嘗不推以忠
恕與人不苟合不僞辭色以悅人平生無私書及知開封貴戚
宦官斂手吏民不敢欺童稚婦女亦知其名呼曰包待制京師
爲之語曰關節不到有閻羅包老以其笑比河清焉

錄曰愚觀閻羅包老之喻由古及今未之前聞也然必本於人心合乎天理枉者在所必錯直者猶能伸之實者在所必究誣者猶能白之未有不論是非罔分曲直任情肆志而爲逋逃之淵藪也設若陰府果有閻羅必使善者超昇惡者墜墮不然天亦得而罪之况人乎哉近有沽名市譽者輙以風力自居乃悍然不顧寔然罔覺旁視已側若皆無人不旋踵間而歸於盡然則不但遭上帝之譴實難避閻君之誅耳其於關節不到何益之有

按書言作善降祥作惡降殃洪範五福六極休徵咎徵之類皆出諸聖賢之口則似釋氏未東已有報復因果之理

若夫閻羅之說事固荒忽不經然未必非輔治而濟王道之窮者也蓋上古結繩而治畫地爲牢人莫敢犯迨後人心澆漓棄禮蔑義視王章如弁髦輕罹網擭天故不得已而俾佛教入中國假以幽冥之說動之令人於不見不聞之中恍乎有臨汝糾汝之象下而愚夫孺子雖至頑冥不靈而一語及地獄諸變相有不肅然敬惕然恐者必非人情世固有狡徒黠吏畢生作姦犯科而晚年回心向道甚至檮杌窮奇而一入斯門不覺深自檢束則是挽人心於旣溺消亂機於未萌非藉此閻君之力有以大畏之邪況夫生而正直沒而神明陰陽遞更人神交治本此一理近

世皆奉孝肅爲閻羅或亦理之所有者與

趙抃爲侍御史彈劾不避權倖京師目爲鐵面其言務欲朝廷別白君子小人謂小人雖小過當力遏絶之君子不幸詿誤當保全愛惜以成就其德一時名臣賴以安焉移益州路轉運使一琴一鶴自隨爲政簡易人不見其喜愠日所爲事夜必衣冠焚香告天不可告者則不敢爲也神宗每詔郡守必以抃爲言晚年學道有得將終與子屼訣辭氣不亂安坐而沒

錄曰趙清獻之得道也豈刀圭鉛汞之力哉乃寡欲養心之助清操絶俗之徵也今夫煉形如槁木脫屣若飄風孰不曰得道而不知無益於人倫世教徒取偷生苟免君子不由也

曷若遺恩在人蓄德在物朝野同聲內外無間若淸獻者天地有盡而英爽無窮宜韓魏公稱爲世人標表不可及也

按劉向學爲儒宗乃以淮南黃白之法上天子試無驗下詔獄論死賴其兄陽成侯乞入國以贖方得免使向於是時死不過文成五利之續耳語曰金不可作世不可度以向之賢見不及此唐白樂天貶江州爲方士所惑留意爐鼎一夕而敗宋蘇子由亦嘗試之將舉火忽一大貓據爐而溺須臾不見術終不成富鄭公積黃白書一櫃後爲顒華嚴長老投之火中豁然有悟則世必無此術明矣范文正得方於同舍子程明道得方於佛腹中蘇子瞻得方於

扶風僧而皆不爲苟非卓然自信者其能然乎

魯宗道爲右正言論列無所畏避眞宗嘗書殿壁曰魯直時明肅太后臨朝問唐武后何如主對曰唐之罪人幾危社稷后默然小臣方仲弓請立劉氏七廟后以問輔臣不敢對宗道獨曰若立劉氏七廟如嗣君何乃止后嘗與帝同幸慈孝寺欲乘輦先乘輿宗道曰夫死從子婦人之道后遽命輦後在中書七年貴戚用事者憚之目爲魚頭叅政及薛奎繼叅政事性亦剛介后謁太廟欲被服袞冕奎曰必御此若何爲拜及臨崩帝見羣臣泣曰太后疾不能言猶數引其衣若有所屬奎曰其在袞冕乎服之豈可見先帝於地下帝悟卒以后服殮

錄曰史魚之秉直既歿而後聞宗道之骨鯁生前而即著劾執政之與諫官不相爲謀孰有稱魚頭參政者邪然則明肅之過武曌葢萬萬矣雖然二公之諫不費辭說而引義切當幽明死生實共賴之豈宋之家法有以開之乎不然何以言行之俱危也

傅堯俞爲諫官王安石與之善時新法不便皆極論之及蔡確之貶宰執侍從以下罷者七八人臺府爲之一空堯俞曰確之黨其尤者固宜逐其餘可一切置之願陛下於此聽之如蚊虻過耳無使纖微之忤以干太和之氣此聖人所以養至誠而御遐福也後補郡法令有未安者一意遵之曰君子素其位而行

諫官有言責郡知守法而已復拜中書侍郎神宗與太皇太后曰傅侍郎淸直一節終始不變金玉君子也
錄曰衞風之美君子曰如金如錫如圭如璧釋者曰金錫言其鍛鍊之精純圭璧言其生質之溫潤欽之有此武公不得專美於前矣司馬公嘗語康節先生曰淸直勇之德人所難兼吾於欽之見焉康節曰欽之淸而不耀直而不激勇而能溫是爲難耳豈非金玉其相者哉於此可以觀成德矣
司馬光知諫院以三劄子上殿其一論君德有三曰仁曰明曰武仁者非嫗煦姑息之謂興教化修政治養百姓利萬物也明者非煩苛伺察之謂知道誼識安危别賢愚辨是非也武者非

強亢暴戾之謂惟道所在斷之不疑邪不能惑佞不能移也陛
陛下以天性之首善廓日月之融光奮乾剛之威斷則唐虞三代之隆何遠之有其二論致治之道有三曰任官曰信賞曰必罰國家采名不采實誅文不誅意夫以名行賞則天下飾名以求功以文行罰則天下巧文以逃罪其三論揀軍言養兵之術務精不務多上以其一留中其二送中書其三送樞密院又進五規曰保業曰惜時曰遠謀曰謹微曰務寬仁宗深納之

錄曰先正朱熹曰溫公可謂智仁勇他那活國救世處是甚次第其規模稍大又有學問其人嚴而正嗚呼觀熹所言則諫院所陳乃其自得之與夫三達德聖人入道之門也至不

憂不惑不懼未嘗不惓惓焉光之所得於天者厚肆力於學者篤若夫三事五規特施行之次第耳而君德爲之根本中庸不云乎所以行之者一也然則光之存誠有自已

哲宗卽位以光爲尚書左僕射時已得疾而青苗免役將官之法猶在西夏未降光歎曰四害未除吾死不瞑目折簡與呂公著曰光以身付醫以家事付愚子惟國事未有所托今以屬公既而詔免朝覲許乘肩輿三日一入省光不敢當曰不見君不可以視事詔令子康扶入對遼人聞之敕其邊吏曰中國相司馬矣愼無生事開邊隙時兩宮虛已以聽光亦欲以身徇社稷賓客見其體羸擧諸葛食少事繁爲戒光曰死生命也爲之益

力病革不復自覺諄諄如夢中語然皆朝廷天下大事

錄曰呂獻可之將卒也手書屬司馬公曰天下事尚可爲君實勉之司馬公之將卒也折簡與呂公著曰國事未有托今以屬公二公之正終畧相同者由其所見之義合也易曰王臣蹇蹇匪躬之故至是鞠躬盡瘁而後已矣一息尚存徇國之心不容少懈安得不諄諄如夢中語邪

按温公生平誠身之學自不妄語始其在仁宗時所進三劄五規與吾祖上武宗八要曰定業曰審討曰盡下曰聚民曰遠嫌曰蓄威曰核實曰杜險同一先見也其在英宗時集議濮王典禮公奮筆曰爲人後者爲之子不得顧私

親此與吾祖諫典獻大禮同一議論也其在神宗時居洛
十五年絶口不言時事惟刻意資治通鑑一書此與吾祖
著弘簡録學史會同録亦在戍所十五年而成同一苦心
也誠則不息而悠久隨之所以能聲施至今與
熙寧時帝以災變避正殿王安石進曰災異皆天數非關人事
得失所致富弼在道聞之歎曰人君若不畏天何事不可爲者
此必姦人欲進邪說以搖上心使輔弼諫諍之臣無所施其力
是治亂之機也卽上書數千言雜引春秋洪範及古今傳記以
明其決不然者及入對又言君子小人之進退繫王道之消長
願深加辨察勿以同異爲喜怒喜怒爲用舍今中外之務漸有

更張此必小人獻說於陛下也大抵小人性喜動作生事其間有所希冀若朝廷守靜則事有常法此輩復何所望

錄曰以神之播奪而有弼之正言譬則聾者而尚提其耳瞽者而尚責其明也雖然時有不同理無竟息天不足畏而天之理可畏人不足恤而人之心當恤一人之喜怒不可憑而百官萬民之喜怒可憑一時之用舍不可信而天下後世之用舍可信若以爲無益而遂聽之則萬古如長夜矣

王安石執政時皆以爲得人呂誨獨言其不通時事大用則非所宜將對適司馬光詣經筵密問所言何事誨曰袖中彈文乃新參也光愕然曰衆喜得人奈何論之誨曰君實亦爲是言耶

此人雖有時名然好偏執輕信姦回喜人佞己聽其言則美施於用則疎置諸宰輔天下必受其禍乃上疏曰大姦似忠大詐似信安石外示樸野中藏巧詐驕蹇慢上陰賊害物誠恐陛下悅其才辯久而倚毗情僞不得知邪正無復辨羣陰彙進賢者盡去則亂由是生臣竊憂之悞天下蒼生者必斯人也

錄曰君子之立言也而可忽哉外示樸野中藏巧詐數語曲盡安石底藴天下萬世孰能掩哉李師中始仕州縣邸狀報包拯參知政事或云朝廷自此多事師中曰包公何能爲今鄞縣令王安石眼多白甚似王敦他日亂天下必此人後二十年言乃信則其先見又在獻可之上已

范純仁奏安石掊克財利民心不寧書曰怨豈在明不見是圖帝曰何爲不見之怨曰杜牧所謂不敢言而敢怒者也帝曰卿善論事宜爲朕條陳古今治亂可爲監戒者遂作尚書解以進及行均稅法於六路復言臣嘗親奉德音欲修先王補助之政今乃效桑羊均輸之法而使小人爲之安石以富國强兵之術啟迪上心欲求近功上法令則稱商鞅言財利則背孟軻鄙老成爲因循棄公論爲流俗異巳者爲不肖合意者爲賢人不聽純仁每上疏激切帝悉不付外至是盡錄申中書安石大怒乞加重貶帝曰彼無罪姑與一善地命知河中府

錄曰言新法者多矣未有若純仁之親切也且以牧之之言

何爲而發乎蓋秦之用鞅即帝之用石也石之致用即鞅之學術也其曰論至德者不同於俗成大功者不謀於衆即石之執拗不通也又曰常人安於故俗學者溺於見聞即石之違衆自異也孳孳爲利至於剝民之膏吸民之髓民之怨之奚啻若自其口出乎卒至蠱國畔道民不樂生不旋踵而與亾秦之轍相去無幾噫可畏哉

按安石青苗法方其行于鄞縣民甚稱便此禍天下之本也及得君用事又援李定惠卿之徒爲之羽翼遂至流虐無已雖正人如司馬呂范諸公素所敬信如程明道同懷如安禮安國皆愎諫不省斷然必行以致情僞罔知邪正

不辨羣小彙征諸賢盡黜禍延三朝釀成靖康之變原其人豈盡姦回大憝良由執拗自是不免心志昏亂所道者堯舜所述者商君夫商君因俗之將變故易與富强而宋乃久安長治之天下欲去臯夔而用共驩不識人不識時錯謬乖戾神宗排衆朝之議斥去耆舊任之弗疑良由求治太亟薄漢唐不爲竟至不畏天變不恤人言而止夫求治本屬良圖執拗亦無大過而弊至此極後之秉政者愼毋笑秦人而復爲秦人也

時久旱歲饑征斂苛急東北流民扶攜塞道羸疾愁苦每風沙霾曀身無完衣近城民買麻籸麥麩合米爲糜加木實草根至

身被鎖械而負瓦揭木賣以償官値光州司法參軍鄭俠監安上門繪流民圖以進帝反覆觀圖長吁數四袖入內翌日命開封罷放免行錢三司察市易司農發常平倉三衙具熙河所用兵諸路上民物流散之故青苗免役權息追呼方田保甲並罷俠仍取唐魏徵姚崇宋璟李林甫盧杞傳爲兩軸題曰正直君子邪曲小人事業圖迹爲書獻之臺史楊忠信謁俠曰御史緘默不言而君上書不已是言責在監門而臺中無人也取懷中名臣疏二帙授俠曰以此爲正人助

錄曰君子思不出其位俠可謂出位矣夫言有好惡之異圖據見聞之眞俠寧辭檢討之任而就監門之官其志葢可知

而言實出乎誠懇也死者在斯須故不吝百方以挽救焚者在目睫又何惜一死以就安帝雖寢不能寐猶迷而不復卒使英州之名流於奕世汴州之禍慘於當時君子要不可以微職拒之也

按蕉蜜雖甘必索椒桂絲竹雖韻間以柷敔古之獻替雖宰夫藝士皆可進言後世設有專官其路始狹俠以監門繪圖上奏聳動人主之聽頓除繁苛之條不可謂非良遇也及雨露既降雷霆旋施直臣遠編新法如故豈職微而言輕邪何朝令而夕改也然俠以微末小臣而竟流芳百世實此圖爲之傳圖亦功於俠矣雖然圖何一定之有漢

宣思夾輔則圖傅陸以下元帝縱淫泆則寫王嬙諸美人唐宗重文則繪瀛洲學士宋仁畏敵則思竊貌元昊各隨其主以傳耳沿至宣和自工圖繪至今人爭寶之其幸而藉圖以傳也不亦風斯下哉

徽宗時陳禾爲右正言童貫與黃經臣盧航表裡爲姦禾疏劾貫怙寵弄權之罪語未終帝拂衣起禾引帝衣請畢其說衣裾落帝曰正言碎朕衣矣禾言陛下不惜碎衣臣豈惜碎首言愈切帝變色曰卿能如此朕復何憂內侍請帝易衣帝卻之曰留以旌直臣

錄曰嘗聞補袞闕矣未聞落帝裾也宋之禍始於安石惠卿

終於童貫王黼衮職至是瘢裂破碎雖有仲山甫之臣何能補其闕乎嶽之不易衣亦勉倣漢成之不治檻爾

李若水爲吏部侍郎欽宗再如金師逼帝易服若水抱持而哭金人曳出擊之仆於地絶不食其僕慰解之曰公父母春秋高若少屈冀得一歸覲若水叱曰吾不顧家矣忠臣事君有死無二但親老恐驚徐言之可也及議立張邦昌復召若水計事因歷數罵之至裂頸斷舌而死時年三十五

劉韐爲資政殿學士金之入眞定也父老號呼曰使劉資政在鎮豈有此禍金人知其名欲得之及京師陷韐至金營金使人謂之曰國相知君行用君矣韐曰偷生以事二姓死不爲也曰

軍中議立異姓欲以君爲尚書僕射得以家屬行𢪛仰天大呼曰有是乎乃歸書片紙言其事使親信持歸報其子子羽等即沐浴更衣酌巵酒而縊

錄曰南朝李侍郎眞定劉資政民到於今稱之下視邦昌劉豫不啻唾去之矣宜乎李之死金人相與言曰遼亾死義者十數輩南朝惟李侍郎一人劉之死金人嘆其忠瘞之南岡上凡八十日始就斂顏色不少變由其明於君臣大義故能聲施至今也人臣而遭逢不幸可不自盡乎哉

高宗紹興元年召李綱爲尚書右僕射綱上疏曰興衰撥亂之主非英哲不足以當之惟其英故用心剛足以涖大事而不爲

小故之所搖惟其掊故見善明足以任君子而不爲小人之所
間在昔人君體此道者惟漢之高光唐之太宗本朝之藝祖太
宗願以之爲法已又進十事一議國是二議巡幸三議赦令四
議僭逆五議僞命六議戰七議守八議本政九議久任十議修
德翌日班議於朝惟僭逆僞命二事留中
錄曰綱之但言英掊也豈無所見哉就帝之初服觀之寇戎
方將奮然請往可以爲英矣決機倉卒定禹式微可以爲掊
矣惜乎中人之性溺於晏安逢君之徒志在苟且有綱之賢
不能竟其用有張韓劉岳之將莫能畢其功以至汪黄姦檜
諸人匿意恣情無所不至而不知英掊二字且抱痛於地下

矣孰謂綱非先見乎且邦昌僭逆之罪上通乎天十事之中惟此最要帝乃秘而不發將何待邪可見畏懦不君之甚雖以綱之爭執亦不過止於投竄究未能聲其罪於天下不旋踵間劉豫蹈其故轍偃然南面坐命其子以伐宋又豈高光之臧項誅莽比哉此南宋之所以終於不振也

以宗澤爲東京留守知開封府澤言開封物價甫肆漸同平時士大夫懷忠義者莫不願陛下亟歸京師以慰人望時眞定懷衛間敵兵甚盛方密修戰具爲入攻計澤乃渡河約諸將共圖收復京城四壁各置使以領招集之兵又並河鱗次爲連珠砦聯絡河東河北忠義民兵於是陝西京東西諸路人馬咸願得

澤節制澤累表請帝還京而帝用黃潛善計決意幸東南

錄曰澤之請還京與綱之議戰守大畧相同蓋天下之勢非進則退進則不惟故疆可全而讐亦可復恥亦可雪退則不惟河北河東不可保而河南終非我有不惟河南非我有而淮甸亦復騷然退而渡江退而航海勢所必至此澤之憂憤不至於死不已也

按英揩二字即知勇之事人君之德之要而在宋高則尤所當朝夕提撕者綱澤所奏皆得大臣度君而進之體使高宗能用斯言明目達聰激揚忠義簡將相之賢且能者推心以任之內固根本外修備具擐甲長驅恢兩京還二

帝不難民物依然鐘簴如故也而乃涇渭互淆偏安自足畧無振懦之志去姦之心致令忠臣義士抱恨捐生死者旣已鬱其才存者不得展其蘊宗廟社稷甘爲丘墟幸而享國久長亦賴張宗韓岳之餘烈爾倘劉豫不廢宗弼不死其能晏然數世哉

岳飛立志慷慨而自奉甚薄少時飲酒能至數斗帝戒之曰卿異時到河朔方可飲酒遂絶口不飲或問天下何時太平飛曰文臣不愛錢武臣不惜死天下太平矣卒有取民一縷束芻者立斬以狥夜宿民開門願納無敢入者卒有疾躬爲調藥諸將遠戍遣妻問勞其家死事者哭之而育其孤或以子壻其女

善以少擊衆欲有所舉盡召諸統制與謀謀定而後戰故有勝無敗張俊嘗問用兵之要曰仁信智勇嚴闕一不可生平忠憤激烈議論持正不挫於人卒以此得禍

錄曰古之名將自孫吳韓彭英衛李郭而下可數也然孫乃賣友吳乃殺妻韓乃假王英乃背主儀乃窮奢他無足論近代若張魏公有富平之敗韓郡王有江上之奔張伯英心術全殊劉平叔馭軍無法惟武穆不忝周同張所是爲信友卻吳玠之姝是爲遺色母有痼疾藥餌必躬是爲悅親旗賜精忠膚存報國是爲獲上大倫根於天性每事不忝忠孝是爲誠身其馭軍也五事克全百戰無敵而且拳拳於民力無秋

毫之犯方之於古殆方叔吉甫之儔而未能舉宣王之功者天不祚宋無徒多怨於時君季輔也

按武穆之死由檜之議和當時諸將咸不願和而武穆尤甚激烈之氣見於辭色於是不得不死矣然和議之成實由高宗欲之非盡關檜觀檜死後猶下詔曰講和之策斷自朕志檜贊朕而已豈以存亾渝定議邪此言可見蓋高宗在金習見師行之暴蚤已膽落即今偏安亦儼然南面天子其心志滿足無復奢望偷安旦夕非和不可去和而戰正恐并此失之是以惴惴正如摴蒱之子輸盡則振臂大呼稍有贏餘未免有護惜顧忌之態檜揣知帝意於是

奮焉樹議兩相悅從終檜之世南北不兵民少休息檜亦未始無功焉然岳氏父子天下萬世灼然皆識其爲純忠而檜之罪遂爲千古所不逭即婦人孺子至今莫不欲剮欲殺則是非檜殺飛乃飛殺檜耳殺飛止於一時殺檜延於百代甚矣忠孝之爲美而好惡公心古今一轍也

理宗隆興七年起復劉珙宣撫荆襄不拜疏論國家根本之實五事曰修己求賢䘏民用將養兵夫治平之本不在於慶賞號令而在於人君一身身之善惡在於一念一念之積湛然方寸之中則見善必明是非判然於前今事有昔是而今非人有始賢而後否顧舍一己之見而以天下之見爲見去一己之智而

以衆人之智爲智如欲求一世之眞賢當先養正臣之直氣若邪佞不盡去直道不可行矣至於士風澆薄尤可歎息誕謗大言迎合主意大者蒙非常之眷小者亦復竊寵甚至倚托幽陰排斥異已此求賢之實未盡也今日雖有字民之官而不得舉字民之職財賦之所驅上司之所廹苟逃譴罰不過巧名色以科斂給文引以追呼言乎勞來安集未見其人此卹民之實未盡也將有掊克豐已朘下媚上者逐之當矣而新所揀擢多膏粱子弟平生不經戰陣緩急恐難應敵此用將之實未盡也古之養士有椎牛釃酒之樂有投醪吮疽之恩愛之如子弟拊之如手足今則刻剝之驅使之故頃來招兵無一應募此養兵之

實未盡也如此民窮財乏兵怨將驕必有盜賊將竊發於邦域之中而欲鳴劍於伊吾之北此臣之所未喻也

錄曰劉忠肅遭繼母卓氏喪懇辭起復引經據禮卒不拜命今觀其所疏大計乃宋季之通患中主之頹風六陵之積弊匪直以警理宗也異時元氣不固四肢隨從大命亦旋去矣至於金革之例往往師相大臣假託以干大位戀大權自非仗義之臣神明之胄孰能七詔七辭者哉故史稱其至孝而直言剴切憂國事如已事則尤明君臣之義矣

按忠肅所云切中叔季流弊直可作凡爲天下國家者龜鑑如曰方寸湛然則見善必明欲求眞賢先養直氣悉屬

探本之論至於慨士風之薄吏道之衰將驕兵怨之氣數陳無隱當此大勢危弱之秋不啻太息流涕而仍泄泄褎如充耳雖日取理學諸臣而表彰之優禮之亦何裨於大計何救於目前哉宋室運會如水之趨日就墊下雖有大力烏能挽東流而障之也

文天祥爲童子時見學宫所祠鄉先生歐陽修楊邦乂胡銓皆謚忠節欣然慕曰沒不俎豆其間非夫也年二十舉進士對策第一累官湖南提刑德祐初詔天下勤王天祥捧詔涕泣曰國家養育臣庶三百餘年一旦有急徵天下兵無一人一騎入關者吾深恨於此敢不自量力以身狥之庶天下忠臣義士有聞

風而起者義勝者謀立人衆者功濟如此則社稷猶可保也益王至福州召拜右丞相衞王立加少保信國公厓山破天祥逮至京元世祖欲官之遣人諭旨曰汝何願曰願賜一死臨刑從容曰吾事畢矣衣帶中有贊曰孔曰成仁孟曰取義惟其義盡所以仁至讀聖賢書所學何事而今而後庶幾無愧

錄曰宋亾節義之臣自文天祥而下若湖南安撫李芾池州通判趙昴發揚州都統姜才眞州太守苗再成常州統制王安節湖北提刑張起巖安吉太守趙良淳無爲守趙淮淮東制置李庭芝刺史趙孟壘常州太守姚訔察訪趙與睪典化守陳瓚通判張日中潮州守馬發江東制置謝枋得信州守

唐震皆其章著者昔豫章有言周孔之心使人明道學者果能明道則周孔之心深自得之三代人才得周孔之心故視死生去就如寒暑晝夜之移而忠義行之者易至漢唐以經術古文相尙而失周孔之心故經術自鼂董公孫弘倡之古文自韓愈柳宗元啟之於是明道者寡故視死生去就如萬鈞九鼎之重而忠義行之者難今觀有宋王安石決壞六經廉恥道喪而北宋之亾仗節者鮮周程張朱講明道學而南宋之滅死義者多明效彰然著矣

張世傑少由小校累功至武定軍都統制時徵勤王多不赴獨世傑提所部兵入衛元兵廹臨安世傑從二王入福州端宗立

拜樞密副使帝昺立拜少傅封越國公由磵州徙厓山元兵襲厓山以舟師塞海口世傑恐衆離心動則必散乃曰頻年航海何時已乎今須與决勝負乃悉焚行朝草市結大船千餘作水砦爲死守計俄而颶風大作舟人欲艤向岸世傑曰無以爲也爲我取瓣香來仰天呼曰我爲趙氏亦至矣一君亾復立一君今又亾我未死者庶幾敵兵退別立趙氏以存宗祀耳若天不欲存趙氏則大風覆我舟舟覆遂溺死

陸秀夫少登進士累擢宗正少卿臨安破宋二王走溫州秀夫追從之遂與世傑等立益王當君臣播越庶事疎畧每朝會儼然正笏如治朝儀端宗崩羣臣欲散去秀夫曰度宗一子尚在

將焉置之古人有一旅一成中興者今百有司皆具士卒數萬天若未絕宋豈不可以爲國乃與衆復立衞王拜左丞相時駐兵厓山流離匆遽秀夫必日書大學章句以勸講不輟厓山破秀夫走衞王舟王舟大且諸舟環結度不得出乃仗劍驅妻子入海以身負王赴海死

錄曰愚觀世傑之自溺與秀夫之負帝俱溺未嘗不浩然而歎也嗟乎乘桴之言傷時之悲也而今果見其人哉時全蜀破壞荆襄失守四海無措躬之地獨仗二三君子懷忠負義不至此不已也卒斃而得其正其亦異乎汨羅鴟革者與

陳文龍少負氣節咸淳五年廷對第一拜監察御史時王爚與

陳宜中不能畫一策而日坐朝堂爭私意文龍疏言書稱三后協心同底于道北兵今日取某城築某堡而我以文相遜以迹相疑譬猶拯溺救焚而爲安步徐行之儀也請召大臣同心圖治無滋虚議其後二人終不相能而去益王立授閩廣宣撫使元兵入廣持書招之文龍焚書斬其使曰諸君特畏死且未知此生能不死乎既被執送軍中欲降之不屈指其腹曰此皆節義文章也可相逼邪乃械至杭州不食而死

錄曰天祥文龍皆廷對第一者也豈其節義之獨鬪與是時執政者有生之樂無死之心幸而一二君子乃心許國文章氣節表率一世當是時也内則有死之心外亦無生之樂此

其所以殺身成仁而不悔也矧夫少成天性壯學自然故一則自幼時志於俎豆不至者非夫一則笑諸君畏而欲生未知生能不死二者同是一道則同是一義矣

按宋太祖以智術馭勳臣以杯酒解兵柄自謂可保久安長治然兵威由此不振契丹西夏擾攘於前金元迭制於後卒至二帝北行馴於淪喪觀徵兵勤王並無一人一騎入衞孤而無輔有自來矣迨南渡不已而爲航海世傑等非不欲發憤圖存無如大厦已傾一木其何能挽惟有先後同歸於盡當是彼蒼降鑒不欲忠臣義士酷罹刀鋸鼎鑊之慘也粤稽有宋三百年科名奚啻千萬人其間居大

位執大權而轟烈一時者何止數百輩而惟紹興戊辰賜
王佐等三百三十人進士其第五甲八十九名有朱熹寶
佑丙辰賜文天祥等六百一人進士二甲内有陸秀夫謝
枋得二錄流傳至今以有四君子名不朽爾餘俱泯沒無
聞也然則人不思自立而徒取科名何益之有